시와 미디어 아트

AI문고

인공지능 시대입니다. 기계가 인간의 인지를 대신하고, 사물이 인간을 통하지 않고 다른 사물과 직접 커뮤니케이션합니다. 이에 따른 인간 삶과 문명 변화를 정확히 이해·예측·대응하는 것은 이 시대 우리 모두의 과제입니다. AI문고는 인공지능 기술과 환경의 여러 주제를 10가지 키워드로 정리합니다. 관련 개념과 이론, 학계와 산업계의 쟁점, 우리 일상의 변화를 다룹니다. 인간과 기술의 현재, 미래를 세심히 분석합니다.

일러두기

- 인명, 작품명, 저서명, 개념어 등은 한글과 함께 괄호 안에 해당 국가의 원어를 병기했습니다.
- 외래어 표기는 현행 어문규정의 외래어표기법을 따랐습니다. 다만 '딥러닝', '딥마인드', '딥페이크' 등은 관행을 따랐습니다.

처음이세요?

전문가세요?

AI와 미디어 아트

최지원

대한민국, 서울, 커뮤니케이션북스, 2025

AI와 미디어 아트

지은이 최지원
펴낸이 박영률

초판 1쇄 펴낸날 2025년 2월 13일

커뮤니케이션북스(주)
출판 등록 2007년 8월 17일 제313-2007-000166호
02880 서울시 성북구 성북로 5-11
전화(02) 7474 001, 팩스(02) 736 5047
commbooks@commbooks.com
www.commbooks.com

ISBN 979-11-7307-461-5 03500

책값은 뒤표지에 표시되어 있습니다.

차례

AI와 미디어 아트의 만남

시대의 만남, 관점의 향유

현시대 예술 분야에서 'AI'는 그 기능과 역할의 측면에서 수많은 실험과 시도의 과정에 있다. '미디어 아트'라는 개념은 시대의 요구에 따라 미술사적 시각과 대중문화적 시각 두 면모를 흡수하며 매우 특이한 시점을 지나고 있다.

필자는 창작하는 아티스트로, 미디어 아트의 미술사적 맥락과 현장에서의 동시대 미디어 아트의 문화적 역할을 교차해 바라본다. 또한 교육자로서, AI가 창작의 영역에 활용되는 기능적 측면과 실제로 AI와 협업한 미디어 아트의 예술적 측면의 접점과 경계점을 발견한다. AI와 미디어 아트에 대한 다각도의 관점들은 현재라는 하나의 시점에 모인다. 이 책에서는 또다시 직선으로 연결될 이 점들에 대해 어떻게 보고, 알고, 반응할지에 대한 총체적인 질문을 던져 보고자 한다. 이를 통해, 우리가 현재 만나고 있는 기술 기반 예술에 대해 경계심 없이 이해하고 나름의 관점으로 향유할 수 있는 문화적 단서를 찾아보고자 한다.

혼재한 경계들의 접점

당면한 문제의식으로는 첫째, 아트 신에서의 미디어 아트의 맥락과 산업 신에서의 미디어 아트에 대한 접근이 혼재한 채 부유하고 있다. 아트 신에서 미디어 아티스트가 추구하는 작품에 대한 접근 방식과 대중에게 쉽게 노출되는 대형 미디어 아트 전시관의 기획 포맷 성격은 대부분 상이할 수밖에 없다. 하지만 대중 및 감상자는 다양한 개념과 의도를 지닌 작품들을 '미디어 아트'라는 포괄적 카테고리를 통해 마주한다. 이때, 아트 신과 산업 신에서의 미디어 아트의 배경과 속성에 대한 선이해가 필요하고, 이를 바탕으로 작품을 만나는 나름의 태도가 필요함을 절감한다.

둘째, AI에 대한 기술 연구 논문이 다량 업데이트되고 있는 가운데, '예술 창작에 활용되는 AI 기술의 이점'을 다루는 논문들 또한 활발히 발표되고 있다. 대부분의 논문들은 AI 기술의 기능적인 부분을 다루는 데에 치우쳐 있다. 예를 들어, 이미지의 미세한 변형, 화풍 스타일의 카테고리화 등 학습을 통한 Input-Output의 시행착오를 줄여 나가는 측면에 집중되어 있다. 반면, AI와 협업하는 예술가들은 주로 'AI와 인간의 유사성' 혹은 '지능적 행동 능력을 지닌 AI의 직관적 측면'에 관심을 갖는다. 즉, AI의 사고 체계 자체에 흥미를 가지고 그 주체성과 자율성에 대한 철학적, 인문학적 접근을 하는 경우가 대부분이다. 학습과 재현의 기능을 구현하는 방법에 대한 화두와 더불어, 인공지능의 인간다움 그 이후를 예측하고 상상하고 다각도로 바라보는 관점들에 대한 논의가 필요해진다. AI 미디어 아트를 논할 때에도 그 기능 중심의 논의와 함께 AI 미디어 아트가 지닌 잠재성 자체에 대한 본질적인 사유가 필요하다.

현시점의 미디어 아트와 AI

이전에 아트라는 장르는 소수의 특정한 미감을 충족하는 측면이 지배적이었다면, 현시대의 아트는 다수를 설득할 수 있는 미감을 포괄하는 듯하다. 다시 말해, 이전에 예술성을 띤 아트는 대중성을 띤 아트와 극과 극의 위치에 있었다. 하지만 현시점에 우리가 접하는 미디어 아트라는 장르는 '대중적인 예술성'을 장착하기도 한다. 그것이 노출되는 분야에 따라 희소성과 대중성을 공유하기도 하며, 감상하는 사람들의 보편적 공감을 일으키고 있다. 미디어 아트에 담긴 세계관은 크리에이티브한 접

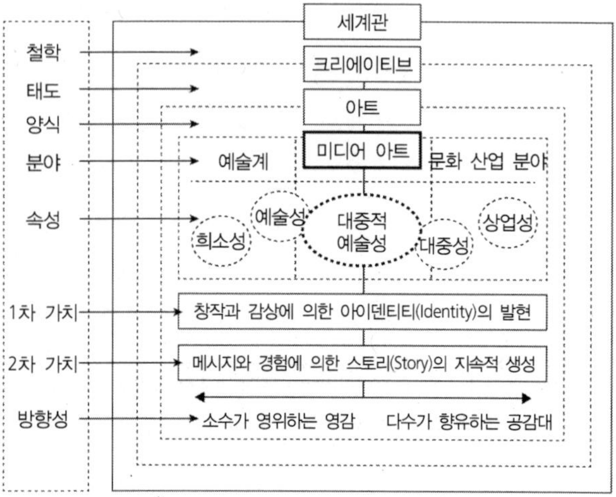

그림 1. 미디어아트의 정체성에 대한 체계 정리

근 방식을 통해 아트라는 양식으로서 보인다. 창작자의 최초 철학은 창작과 감상의 과정을 통해 아이덴티티를 발현한다. 작품 안에 담긴 메시지는 감상을 통해 경험된다. 감상자의 경험은 창작의 연장선으로, 작품의 스토리를 지속적으로 생성해 나가는 창작자와 감상자의 협업 메커니즘을 만든다.

필자는 현대 미술에서의 미디어 아트를 물성, 맥락, 연대라는 세 가지 단계를 거쳐 바라보고자 한다. 먼저,

'물성'은 표현의 매체와 방법론의 본질적 성질을 의미한다. 어떠한 개념을 표현하려는 상황에서 그 개념과 표현의 방법론이 맞닿을 때, 그것의 그것다움을 관통하는 즉물성(卽物性)을 발견할 수 있다. 미디어 아트는 언어로서의 텍스트, 실물 조형물의 설치, 디지털 형식의 아웃풋 등 고유한 '물성'을 지니고 있다. 주로 다양한 매개체들을 바탕으로 한 기술적 구현으로 만들어진다. 둘째로 미디어 아트가 노출되는 '맥락'은 작품의 의미를 결정하는 주요한 상황적 설정이다. 맥락은 시간적 의미와 공간적 의미가 교차하는 지점을 의미한다. 맥락적 의미는 대개 특정 상황에서 발현한다. 아날로그와 디지털 공간, 메타버스, Web3의 세계 등은 현대에 자주 등장하는 맥락적 요소들이다. 마지막 요소는 '연대'의 측면이다. 연대의 가치는 아트가 향하는 궁극적 방향성과 맞닿아 있다. 미디어 아트를 통해 창작자와 감상자는 세계관을 공유하고 공감한다. 또한 미디어 아트를 통해 영감에 기반한 집단 협업이 이루어진다. 이러한 연대의 과정을 거듭하며 하나의 미디어 아트는 여러 명의 문화적 시야에 영향을 미친다. 문화 가치의 증폭은 사회, 정치, 경제 분야를 막론한 우리의 삶에 환기와 영감이 되기도 한다.

한편, 현시점에서 시대의 도구이자 연구 대상인 AI는

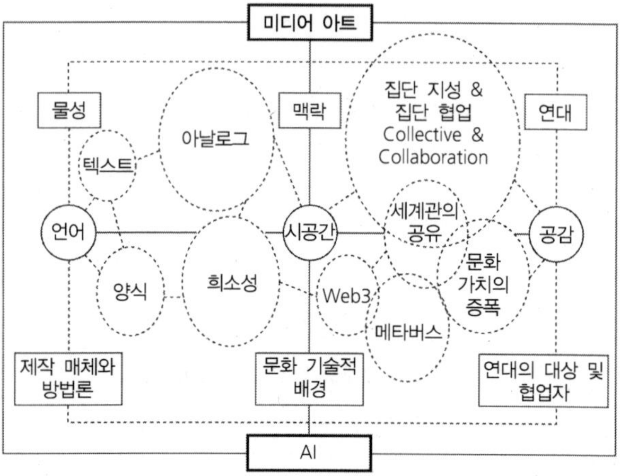

그림 2. AI와 미디어아트의 관계 정리

물성, 맥락, 연대 세 가지 측면에 모두 연관되어 있다. 미디어 아트를 제작하는 매체와 방법론으로서, AI로 인한 변화한 맥락적 배경으로서, 미래 연대의 대상으로서 AI는 자연스럽게 회자된다. 이 책에서는 AI와 미디어 아트라는 화두에 대해 이 세 가지 측면에서 면밀히 관찰해 다각도로 바라보고, 분석하고, 예측해 보고자 한다.

이 책의 주요 내용

이 책은 우리가 문화생활을 할 때 한 번쯤 가 보았을 미디어 아트 전시에서 AI가 어떠한 모습으로 녹아 있었는지 돌이켜보며 시작된다. 예술 전반의 개념 중 '미디어 아트'라는 개념을 지금 다루어야 하는 이유에 대해 짚어본다.

주된 내용으로, 미디어 아트를 창작할 때 미디어 아티스트가 AI를 어떠한 방식으로 활용하는지, 또는 AI와 어떠한 방식으로 '협업'하는지에 대한 창작자의 입장을 들여다본다. 이와 연관해서 감상자가 AI 미디어 아트를 감상하는 방식에 대해 탐구해 본다.

끝으로, AI 미디어 아트가 전시장 안팎에서 어떠한 목적과 방식으로 사회 문화 전반에 펼쳐져 있는지 살펴본다. 국가의 문화유산 축제, 기업의 브랜딩, NFT 아트까지 다양한 방면에서 발견할 수 있는 AI 미디어 아트의 모습에 대해 다룬다.

이 책의 구성

우리는 이 책의 1~2장에서 AI 미디어 아트의 개념에 대한 논의의 당위성에 대해 고찰하고, 3~5장에서 AI 미디어 아트의 창작과 감상의 방법에 대해 다룬다. 이어, 6~9장에서는 일상 곳곳에서 만날 수 있는 AI 미디어 아트의 다양한 측면들에 대해 알아볼 것이다. 이 세 가지 단계를 거쳐 책의 끝맺음인 10장에서는 예술과 기술의 경계를 넘어, 사회 문화적 흐름 위에서 AI 미디어 아트가 시대를 관통하는 어떠한 본질적 가치를 지니고 있는지 논의해 보고자 한다.

이때, 산업 신과 아트 신의 경계선을 분명히 그을 수는 없지만, AI 미디어 아트를 만나는 맥락적 상황을 고려해 그 성격을 구분해 서술했다. 1장, 3장, 4장, 5장, 8장, 10장에서는 아트 신의 관점에서 AI 미디어 아트에 대한 내용을 다루었다. 2장, 6장, 7장, 9장에서는 산업 신의 영역에서 만날 수 있는 미디어 아트를 중심으로 다루었다.

세부적으로 1장 '미디어 아트 전시'에서는 앨런 튜링(Alan Turing)과 클레멘트 그린버그(Clement Greenberg)의 근본적인 질문을 교차해 보며, 20세기의 기술과 예술 분야에서의 통찰적 움직임을 포착한다. 이를 바탕으로 현시대의 AI, 미디어, 아트라는 개념에 대한 시대 맥락적 통찰의 지점을 제시한다. 2장 '미디어 아트 전시 속 AI'에서는 한국에 급증하는 대형 미디어 아트 전시 사례들에 대해 다루며 그 특징을 살펴본다. 대형 미디어 아트 전시 구성에서 작품의 감상을 돕기 위해 AI가 활용된 사례들과 함께 그 역할과 효과를 중심으로 다룬다. 3장 'AI 미디어 아트 창작법'에서는 인공 신경망 모델에 대한 이해를 바탕으로, AI를 창작의 도구로서 활용할 때 발생하는 이점과 한계점을 다룬다. AI를 도구로 한 창작 방법에 대해 이미지-비디오-스토리보드 생성의 순서로 소개한다. 미디어 아티스트들이 AI를 도구로 활용하거나 협업해 미디어 아트를 창작하는 방식을 작품들을 예로 들어 살펴본다. 4장 'AI 미디어 아트 감상법'에서는 AI 미디어 아트를 감상하기 전, 메커니즘에 대한 이해를 선행한다. 먼저, AI 미디어 아트에 주로 활용되는 딥러닝(Deep Learning) 기술의 개념에 대해 살펴본다. 이 기술이 지닌 편향성의 이슈에 기반해 AI와 창작자의 주관성에 대해 논의한다. 5장 'AI 미디어 아티스트'에서는 AI를 활용한 혹은 AI와 협업한 주요 미디어 아티스트들의 작품 세계와 작업 방식에 대해 소개하고, '예술가의 새로운 언어'와 '새로운 기술적 아이디어'의 구별점에 대해 재고한다. 6장 '헤리티지와 AI 미디어 아트의 융합'에서는 문화유산 축제에 등장하는 AI 미디어 아트를 다룬다. 국가유산 AI 미디어 아트가 지닌 고증적 가치와 동시대성에 대해 구체적인 작품 창작 사례를 들어 살펴본다. 7장 '체험형 AI 미디어 아트'에서는 체험적 특징이 두드러지는 기술 기반 미디어 아트의 여러 사례들을 소개한다. '체험'이라는 요소를 통한 감상의 직관적 측면과 참여의 이중적 속성에 대해 사유해 본다. 8장 '생성형 AI를 활용한 NFT 아트'에서는 NFT 아트의 의미와 속성에 대해 디지털 문화, 가상 세계 개념과 연계해 살펴본다. 생성형 AI로 제작한 NFT 아트의 제작 원리를 이해하고, 파생되는 쟁점에 대해 질문한다. 9장 '브랜딩을 위한 AI 미디어 아트'에서는 브랜딩의 영역에서 예술과 기술이 결합한 미디어 아트의 여러 사례들을 살펴본다. 데이터 정보를 기반으로 한 아트 워크 브랜딩의 사례 등 기업과 아티스트의 협업을 통해 만들어지는 '메시지'를 중심으로 다룬다. 마지막으로, 10장 'AI 미디어 아트의 미래'는 AI 미디어 아트의 정체성에 대한 질문으로 시작한다. 창의성, 효용성, 합리성 측면에서의 고찰을 통해, AI 미디어 아트 분야를 바라보는 패러다임에 대해 상상해 본다.

기대하는 바

우리의 몸은 편리함에 기울고, 마음은 쉬운 길을 향한다. 편의적 충족감이 넘쳐 나는 시대, 지성에 대한 열망과 이에 따른 기술 발전의 과정에는 나름의 나침반이 필요해 보인다. 삶의 여정에서 우리에게 남은 유한한 정성을 진정한 유익으로 남기고자 한다면, 일상에서 당연하게 받아들이고 사용하는 것들에 대한 충분한 사유가 병행되어야 한다고 생각한다. 하루 단위로 업데이트되는 AI 와 같은 기술에 대한 통찰도 그러한 맥락에서 주목해 볼 필요가 있다. AI와 함께할 다음 세대의 삶은 지금 세대의 집단 지성이 구축해 놓을 세상과 밀접한 관련이 있을 것이다. 미래에 설계될 패러다임에 대한 면밀한 예측을 통해 공의(公義)를 띤 주체적 시야를 장착하는 것이 우리 세대의 과제라고 생각한다.

이 책에서는 '기술과 예술이 결합한 AI 미디어 아트'에 대해 다룬다. 필자는 이 주제가 지닌 사회 문화적 잠재성을 바라본다. 이 책을 통해, 독자들이 'AI 미디어 아트'라는 화두의 시대적 당위성을 발견해 보기 바란다. 기술과 예술을 바탕으로 한 질문들이 미래에 어떠한 모습으로 발현될지 상상해 보는 즐거운 시간이 되기를 기대해 본다.

01
미디어 아트 전시

미술사적 맥락에서 '미디어 아트'라는 용어는 새로운 기술과 방법론이 등장함을 시사하는 성격이 크다. 한편, 우리는 일상에서 미디어 아트를 통해 누군가의 메시지(Message)를 만나고, 그 메시지를 관통하는 아이덴티티(Identity)를 발견하기도 한다. '미디어(Media)'라는 수식어는 단순히 '연결'의 의미를 넘어 '시대의 새로운 언어'를 상징하는 것은 아닐까?

AI와 1인 창업?

튜링과 그린버그의 근본적 질문

"'아트(Art)'란 무엇인가?"

이전에 '아트'는 지극히 고유한 영역 안에서 구별된 장르로 자리했다. 아트, 즉 예술(Fine Art)이라는 개념은 서구 근대에 성립되었는데, 18세기 중반 달랑베르(J. d'Alembert)에 따르면 예술은 즐거움을 목적으로 하며, 시, 음악, 회화, 조각, 건축 등을 지시한다고 말했다. 비슷한 시기 동아시아에서는 예술이라는 '개념'이 존재하기보다는 예술이라는 '현상'이 있었음을 유추할 수 있다. 시(詩), 문(文), 서(書), 화(畫), 전각(篆刻), 악(樂) 등의 제작 활동이 다른 일상적인 활동들과 구분되는 창작 활동으로 여겨졌다. 이렇듯 미술사적인 맥락을 돌아보면, '아트'라는 개념이 처음 등장하는 시기에 '아트'는 다른 활동들과는 차별화된 '예술성'이라는 오라를 지니고 있는 듯하다.

한편, 19세기 산업 혁명 이후 기계 매체(Machinery Media)가 인류에 영향을 주기 시작하고, 20세기 앨런 튜링이 컴퓨터의 메커니즘을 정립하면서 '인공지능(AI)'의 이론적 기초를 제공한다. 1950년 튜링은 인공지능에 대한 첫 번째 논문으로 평가되는 자신의 논문 "컴퓨팅 기계와 지성(Computing machinery and intelligence)"의

말머리에 "기계는 생각할 수 있는가?(Can machines think?)"라는 질문을 던졌다. 이는 기계가 지닌 본질에 대한 통찰이 시작되었다는 점에서 매우 중요한 지점이다. 같은 시기인 1950년대 미술계에서는 평론가인 클레멘트 그린버그가 그 시기 현대 미술에 대해 "예술은 스스로 자신의 본성에 대해 검토해야 한다"라고 말하며 예술자체에 대한 통찰적 질문을 던졌다. 이러한 질문은 현대에 미술의 중요한 변곡점인 1960년대 개념 미술(Conceptual Art)의 등장으로 이어진다. 미국의 예술가인 솔 르윗(Sol Lewitt)은 개념 미술에 대한 정의에서 "아이디어, 즉 관념은 예술을 만드는 기계가 된다(The idea becomes a machine that makes the art)"라고 언급했다. 이는 작품의 개념(Concept) 자체로 작품이 성립될 수 있다는 측면을 내포한다. 실제로, 개념 미술가들은 작품에 대한 지시문-텍스트로서 작품을 대변하기도 한다. 미술관에서는 그 지시문이 담긴 종이 한 장으로, 작품의 실물을 제작하고 전시하기도 한다. 텍스트가 예술 작품을 대변할 수 있다는 것은 어쩌면 지성에서 발한 메시지 자체가 하나의 독립된 '미디어'가 되어, '아트'로 정의되는 시대를 연 것이다. 이와 같은 20세기의 기술 분야와 예술 분야에서 본질에 대한 통찰의 움직임은 21세기 현시대의 기술과 예술이 융합되어 경계가 허물어진 '아트라는 현상'을 거울로서 비춘다.

미디어라는 일상적 메시지

21세기, 우리는 대부분 각자의 미디어를 소유하고 있다. 미디어의 개인화 현상은 '매개한다' 혹은 '연결한다'라는 의미의 라틴어 'medius'의 어원에서 짐작할 수 있듯이 개인과 세상의 거리를 단번에 줄여 준다. 우리는 초연결 사회라고도 불리는 시대에 살고 있다. 이러한 시대적 배경 위에 예술계는 예술과 일상의 경계가 급속도로 흐려지고, 예술이라는 고유한 영역이 자본주의의 구조 아래에 흡수되기도 하는 등 새로운 패러다임을 맞이하고 있기도 하다. 1960년대 캐나다의 마셜 매클루언(Marshall Mcluhan)은 『매체는 메시지다(The medium is the message: An inventory of effect)』(1967)에서 "미디어는 새로운 언어이며, 뉴 미디어는 우리를 과거의 실재 세계와 연결하는 수단이 아니라 그 자체가 실재 세계다"라고 말한 바 있다. 개념 미술과 함께 미술계에 등장한 '미디어'라는 용어는 현재 장르 간 경계를 넘나들며 그 존재감을 드러내고 있다. 한편, 1990년대 이후부터 지금까지 '디지털 미디어(Digital Media)'는 우리 삶의

거의 모든 영역에 자리하게 된다. 현시대에 '디지털', '미디어'는 너무나도 일상적인 개념으로 자리한다.

현재 진행형 미디어 아트

1990년대 말부터, 국내에서는 새로운 테크놀로지를 매체로 활용하는 예술 형식을 '미디어 아트' 혹은 '뉴미디어 아트'라고 부르기 시작했다. 일반적인 동시에 세계적인 관점에서, '미디어 아트'라는 용어를 떠올리면 가장 먼저 미디어 아티스트 백남준을 떠올릴 것이다. 경기도 도립 미술관인 백남준 아트센터는 국내 최초의 미디어 아트 전문 공공 미술관이이기도 하다. 백남준은 1964년부터 여러 대의 '비디오 로봇'을 만들며 미디어를 매체로 한 작업을 했다. 그는 1965년 뉴욕 5번가를 지나는 교황의 주위 풍경을 '예술적 의도'를 가지고 비디오에 담았는데, 이는 최초의 비디오 아트라고 불린다.

그렇다면 미디어 아트의 범위는 어떻게 되고 미디어 아트의 조건은 어떻게 될까? 미디어 아트라는 용어는 사진을 처음 작품에 사용할 때, 비디오를 처음 작품의 매체로 사용했을 때, VR, VR 등 기술을 활용한 아트를 지칭할 때와 같이 시대를 지나며 동시대에 새로운 기술로 작품이 만들어질 때마다 붙은 수식어이기도 하다. 2024년도 곽영빈 비평가의 한 세미나의 제목이었던 '뉴미디어 아트라는 오래된 미래'라는 표현은 이러한 용어 사용의 클리셰에 대해 한 번쯤 생각해 보게 한다. 미디어 아트, 뉴미디어 아트, 포스트 미디어 아트 등의 용어들은 20~21세기 기술 혁명 안에서 계속해서 업데이트되어 사용되고 있다. 동시에 기술과 예술이 융합된 형태의 시도들과 더불어 '그다음' 패러다임에 대한 화두 또한 현재 진행형 이슈다.

집단 창작의 시대

아이러니하게도, 현시대를 바라보면 공학계는 예술적 이상을 추구하고, 예술계는 기술적 깊이를 파고든다. 융합이라는 화두는 장르 간의 경계를 허물며 프로젝트라는 명명 아래에 N 번의 시도들이 이루어지고 있다. 집단 지성(Collective Intelligence)에 기반한 협업(Collaboration)을 통한 집단 창작(Collective Creation)의 시대가 도래한 것이다. 작가와 작품의 오라보다는 무형(無形)의 지성 집약체인 집단 프로젝트의 의미와 가치가 남는다. 사실 '집단 창작'이라는 화두는 매우 중요한 패러다임의 변화를 의미한다. 넓은 의미로서 집단은 인류를 지칭하고, 전 인류가 '연결-미디어'로서 작용함을 의미한다. 태어

날 때부터 개인 소유의 미디어와 함께 성장하는 시대에 미디어 기반 창작 활동은 더 이상 구별된 영역으로서의 존립이 어려워졌다. 모든 분야의 사람들은 미디어가 되어, 미디어라는 개념에 대한 사유의 기회에 노출되어 있고, 미디어라는 도구를 통한 창작의 방법론을 보편적으로 공유하고 실천하며 살아간다. 예술계에서 미디어 아트라는 용어는 더 이상 예술이라는 장르 안에 국한되지 않는다.

'아트'라는 용어의 상실

그렇다면 21세기 초반 동시대 미디어 아트는 어떠한 형태로, 어디에 존재하는가? 특정 시대에 다루어지는 미디어가 그 시대의 예술을 반영해 왔듯이, 제2차 정보 혁명이라고 불리는 4차 산업 혁명의 시대에 AI와 정보(빅 데이터, IoT, 클라우드)는 아트에서 개념적인 면에서나 매체적인 면에서도 중요한 요소가 된다. 예술계와 공학계의 아티스트들에게 AI의 존재 자체가 작품의 주제가 되기도 하고, 그와의 협업 과정이 작업의 주된 메커니즘이 되기도 한다. 실제로 AI와 관련한 작업-프로젝트들은 다양한 형태로 시도되고 있다. 여기서 흥미로운 지점은 이러한 미디어 아트들이 '어디에 존재하는가?'라는 질문에 있다. 이전에 우리는 예술 작품을 보기 위해 미술관, 갤러리, 대안 공간, 아트 페어, 비엔날레 등 특정 성격을 지닌 전시 장소를 정해진 기간 안에 찾아가야 했다. 즉, 구별된 장소에서 한정된 시간 동안 진행되는 '전시(Showing)'라는 '이벤트(Event)'에 발걸음 하는 수고가 필요했다. 한편, 현재 대부분의 '아트'라는 예술성을 띤 개념의 산물들은 '창의성(Creativity)'이라는 포괄적이면서 핵심적인 범위 아래에 산업적 목적을 띤 채 존재하기도 한다. 예를 들어, 특정 브랜드의 아이덴티티(Identity) 표현을 위한 미디어 언어(Media Language)의 형태로서 미디어 아트가 제작되거나 미디어 아트 설치로 구성된 '팝업(pop-up)전시'가 이루어진다. 팝업의 사전적 의미는 '특정한 웹 페이지에 접속했을 때 새롭게 생성되어 여러 가지 사항을 안내하는 창'이다. 이렇듯 '미디어 아트'는 그 실물이 온오프라인 장소 중 어디에도 매이지 않은 채, 그 작품성-예술성의 '경지'를 가리키는 개념적 수식어로서 존재하며 감상자와 소통한다. 구별된 커뮤니케이션(Communication) 방식을 통해 '콘셉트(Concept)'와 감상자를 연결한다. 여기에 AI라는 협업체는 인간 지능과의 관계성, 유사성, 차별성을 기반으로 균형을 이루거나 한쪽에 무게를 실은 채 'AI-미디어-아트'

분야라는 새로운 페이지를 넘기고 있다.

참고문헌

박신의(2001). 서구 현대 미술: 미디어 아트, “열린 미술”의 기원. ≪현대 미술 연구소 논문집≫, 3, 159-171쪽.

Michael Rush(1999). *New media in late 20th-century art.* Thames & Hudson. 심철웅 옮김(2003), 『뉴 미디어 아트』, 시공아트.

02
미디어 아트 전시 속 AI

대형 미디어 아트 전시관에서 공간의 동선에 따라 작품을 감상하다 보면, 인터랙티브한 요소들과 함께 AI를 만나는 경험을 해 보았을 것이다. 인터랙티브 AI 기술을 기반으로, 작가의 모습이 영상 속에 등장한다. 작가의 모습을 한 AI는 감상자와 실시간 대화를 하며 작품에 대해 설명해 준다. 이번 장에서는 미디어 아트 전시에서 만나 보았을 만한 인터랙티브한 요소들과 AI에 대해 다룬다.

AI와 MBTI?

대형 미디어 아트 전시, 트랜디한 놀이터

자본-작가-문화적 체계를 근간으로 한 대형 미디어 아트 전시관에 대해 떠올려 보자. 이러한 전시관들은 마치 실내 복합 놀이공원 같기도 하다. 과거에 우리가 인상주의 화가인 샤갈의 작품을 조망하는 전시를 보러 갔다면, 그곳에는 샤갈의 드로잉 작품, 회화 작품 그리고 그의 작품 세계를 설명해 주는 작가노트가 함께 비치되어 있었을 것이다. 대형 미디어 아트 전시관에서 같은 주제를 다룬다면, 이 모든 내용들을 전시장 내부를 가득 채운 미디어 속 내러티브에 녹인다. 한국의 대표적인 미디어 아트 전시관으로는 빛의 벙커, 아르떼 뮤지엄, 노형 수퍼마켙, 빛의 시어터 등이 있다. 제주도에 위치한 미디어 아트 전시관인 빛의 벙커와 서울에 위치한 빛의 시어터에서는 주로 대중적 으로 잘 알려져있는 작가인 반 고흐, 샤갈, 세잔 등의 작품을 소재로 한 전시를 만날 수 있다. 그 시대의 화풍을 기반으로 만들어진 미디어 공간을 거닐며, 미술사적 배경과 작품의 스토리에 대한 도슨트의 설명을 듣기도 한다. 전시 시작부터 끝까지 한편의 스토리텔링을 감상한다. 한편, 미디어 아트 기업 디스트릭트가 운영하는 아르떼뮤지엄에서는 폭포(Waterfall), 꽃(Flower), 정글(Jungle), 정원(Garden), 웜홀(Wormhole), 별(Star),

파도(Whale), 달(Moon)과 같은 소재들을 키워드로 한 미디어 아트를 만날 수 있다. 프로젝션 매핑(Projection Mapping)의 방식으로 투사된 영상 작품 속을 거닐며 전시를 감상한다. 그중에는 오감을 자극하는 소재들도 있다. 다이닝룸과 같은 공간에서 테이블 윗면에 프로젝션을 해 마치 차 한잔을 하는 경험을 연상시키는 방식이다. 찻물 위에 아름다운 꽃들이 투사되고 찻잔에 찻물이 떨어지는 소리가 들리며 그 몰입도를 더한다. 오브제, 사운드, 인터렉션이 맞물리는 총체적인 경험에 의해 감상의 의미가 확장된다. 또한 작품 앞에 실제로 연주할 수 있는 피아노를 비치해 두는 등 일명 포토 스폿(Photo Spot)이라고 하는 인스타그래머블한 요소들을 경험할 수 있다. 몰입형, 실감형 요소들로 이루어진 미디어 아트 전시관들은 이제 실내 미디어 복합 문화 공간으로서의 정체성을 포괄하는 듯하다.

이렇듯 우리에게 친숙한 미디어 아트 전시는 대부분 기업 차원의 대형 미디어 아트 전시인 경우가 많다. 일종의 실내 엔터테인먼트 체험과도 같은 이 전시 기획 방식은 사업 트랜드로서도 주목받고 있다.

다정함의 연결 고리, 인터랙티브 AI

우리는 회화 작품을 감상할 때, 대부분 완결된 장면을 응시하며 사색한다. 반면, 프로젝션 매핑 위주의 미디어 아트 전시를 감상할 때면 전체 영상의 부분들을 연속적으로 마주하게 된다. 작품마다 각기 다른 러닝 타임 안에서 연결된 각 신들의 연속을 감상한다. 회화 작품을 볼 때 정지된 대상을 바라보며 감상자의 사고와 상상이 동적으로 움직인다면, 미디어 아트를 볼 때는 고정되지 않은 상황이 의도하는 서사를 따라가며 시간 예술을 경험한다. 한편, 프로젝션 매핑을 통한 영상 작품에서 빛을 활용해 이야기를 전달하기 위해서는 필수적으로 암전이 필요하다. 미디어 아트 전시관에 형광등이 켜진다고 상상해 보면, 작품은 보이지 않고 새하얀 파티션만이 남을 것이다. 감상자들이 암전된 공간에 투사된 작품들을 바라보기만 한다면 피로감을 느낄 수 있을 테지만, 인터랙티브 AI(Interactive AI)를 활용한 다채로운 교감의 요소들은 감상의 깊이를 더하기도 한다. 인터랙티브 AI는 AI가 사용자의 인풋에 실시간으로 반응하고 대화하며 솔루션을 제공하는 기술이다. 주로, 대화형 AI모델을 통해 우리의 일상에서 상호 작용을 만들어 낸다. 여기에는 자연어 처리, 음성 인식 및 음성 합성, 머신 러닝(Machine

Learning) 기술 등이 사용된다. 예를 들면, 인터랙티브 AI를 통해 작고한 작가와 '작가와의 대화'가 가능하다. 현실에는 없는 작가가 영상 속에 나와 감상자가 궁금한 점에 대해 직접 대답해 준다. 초기에 이러한 기능은 화면 안에 미리 선별된 질문을 터치하면 화면에 대답이 나타나거나 작가가 미리 정해진 질문에 대한 대답을 해 주는 수준이었다. 현재는 최대한 많은 학습량을 바탕으로 대답할 수 있는 범위가 확대되어 일상적인 대화까지 포괄하는 수준으로 발전했다. 인터랙티브 AI를 활용한 작가와의 대화는 현시점에서 그 속도나 효용의 면에서 안정적으로 보급되고 있는 수준은 아니더라도, 전시의 이해를 돕는 역할로서 미디어 아트 전시에 적극적으로 활용되고 있다.

교감하는 미디어 아트

대형 미디어 아트 전시관에서 벗어나, 성수동 카페 BotBotBot에 전시되었던 김예진 작가의 미디어 아트를 만나 보고자 한다. BotBotBot은 로봇이 내려 주는 커피를 맛볼 수 있는 콘셉트의 카페다. 카페의 한 벽면 전체에 프로젝션 매핑이 가능하고 키넥트 센서 3대가 장착되어 있다. 키넥트 센서를 활용한 실시간 트래킹을 통해 감상자의 모션에 따라 작품 안의 요소가 반응할 수 있다. 이곳에 2022년 전시된 김예진의 미디어 아트는 이미지 생성 및 변환 AI 프로그램인 Style Gan 2로 제작했다. AI 프로그램을 활용해 숲을 만들고 거기에 등장하는 동물들이 감상자의 동선에 따라 나타나고 사라지는, 혹은 감상자를 따라다니는 방식의 작품이다. 감상자들은 작품 속 생명체들이 자신과 직관적으로 소통하는 듯한 느낌을 받으며 생명체들을 따라다니면서 벽면을 터치해 보기도 한다. 작품에 내재한 인터랙티브한 요소는 감상자의 참여를 유도하고, 작품의 내러티브는 감상자의 참여를 통해 새로이 만들어지기도 한다. AI와 함께 만들어 낸 영상의 서사와 감상자의 인터렉션이 만들어 낸 체험적 서사가 만나 작품과 감상자 간의 다층적인 교감을 이룬다.

03
AI 미디어 아트 창작법

최근 딥러닝(Deep Learning)에 대한 연구가 활발히 이루어지면서, AI를 활용한 미디어 아트 또한 주목받고 있다. 이 장에서는 AI를 도구로 해 창작 방법에 도움을 얻거나, AI와 협업해 미디어 아트를 창작하는 미디어 아트 작가들의 사례를 다룬다. AI 미디어 아트를 창작하는 단계에서 AI가 어떠한 양상으로 개입하는지 살펴본다.

AI와 난임 극복?

뇌 흉내 내기

인공지능은 '편의'를 위해 존재한다. 쉽게 말해, 사람의 일을 대신 해 주기 위해 사람의 뇌 속 뉴런(Neuron)을 수학적으로 모델화한 것이다. 뉴런 안 신경 세포들의 입출력 형태를 모델화하는 것 중의 하나가 우리에게 익숙한 딥러닝 기술이다. 그것의 핵심 기능은 '학습' 기능이다. 이 기능을 기반으로 한 모델로, 우리에게 친숙한 AI 생성형 모델 챗지피티(Chat GPT)가 있다. 무엇이든 모르는 것이 있거나, 도움을 얻고자 할 때 챗지피티의 의견을 참조할 수 있다. 챗지피티는 텍스트를 텍스트로, 텍스트를 이미지로, 텍스트를 비디오로, 텍스트를 음악으로 표현해 주기도 한다. 이러한 A to B 변환 구조는 앞서 말한 '학습'에 의해 매칭된다. 해당 모델 입출력의 결과와 그 모델을 다루는 사람이 한 예상의 편차가 줄어들수록 이 기술의 가치가 발한다. 뇌 속 신경망의 기능을 연구해 이를 인공 신경망 모델로 만들어 참조의 도구, 더 나아가 창작의 도구로 사용하기도 하는 것이다. 입출력을 위한 신경망의 디자인, 즉 신호들의 적절한 방향 설정에 따른 배열을 통해 가능성을 예측해 나가며 의도에 합치하는 결과에 가깝도록 구현해 나가는 것이다. AI 인공 신경망 모델은 파라미터들을 조절해서 전달되는 신호의

각도를 계속해서 수정해 에러를 최소화하는 과정을 반복한다. 이는 매우 직선적인 성질을 갖는데, 이는 바로 의도한 모델로 가는 정확성을 위한 직선이다.

여기에서 세 가지 흥미로운 지점을 발견한다. 첫째, 그토록 정확성을 추구하는 AI라는 기술이 창작의 도구를 넘어, '창의성을 지닌 창작의 주체'로서 회자되고 있다는 점이다. 둘째, 우리의 명령어에 의해 AI가 도출해낸 디지털 이미지는 사실상 픽셀로 이루어진 RGB 값이고, RGB 값은 숫자 값이다. 디지털상의 모든 이미지는 이 숫자 값으로 이루어져 있다는 점이다. 비유하자면, 도출된 결과물의 본질은 위칫값일 뿐이고, 그가 입은 옷들의 배열과 집합이 이미지로서 인식되는 것이다. 셋째, 학습된 데이터들의 완전성에 대한 지점이다. 예를 들어, AI가 '사람의 범위'에 대한 화두를 던질 때, 어디까지가 사람이라고 정의할 수 있느냐는 질문에 대한 답변의 도출은 학습이 끝난 시점까지의 데이터들에 기인해 정의될 것이다. 질문과 답변의 엇갈린 시간의 축과 그로 인한 공백은 어떻게 채워지는가? 인간이라는 생물이 진화해온 축적된 과정과 컴퓨터가 이행하는 수학적 처리 과정은 '학습'이라는 키워드에 의해 연결되는 동시에 단절된다.

주인이 없는 작품

더 편리해진 생성형 AI 도구들이 계속해서 업데이트되고 있다. 10년 치 연구 성과가 1년 단위로 일어나고 있다고 하니, 도구를 선택하고 다루는 주체적인 능력 또한 요구된다. 생성형 AI를 활용한 창작의 도구로는 이미지와 비디오 생성 도구, 스토리보드 생성 도구 등이 있다. 학습을 기반으로 텍스트(스토리)와 이미지를 인식하고, 지시어에 따른 아웃풋의 정확도에 대한 연구가 이루어진다. AI 이미지 생성 도구의 사례로는 미드저니(Midjourney), 달리 3(DALL-E 3), 스테이블 디퓨전 3(Stable Diffusion), 어도비 파이어플라이(Adobe Firefly) 등이 있다. AI 비디오 생성 도구로는 오픈AI(OpenAI) 소라(SORA), 구글 비오(Google VEO), 클링(Kling) 등이 있다. 작품 창작 전 단계에 도움을 주는 스토리보드 생성 도구는 이미지와 짧은 영상으로도 구현이 되는데, 대표적으로 카탈리스트 AI(Katalist AI), 챗지파티 4가 있다. 챗지피티 4 같은 경우는 스토리보드 역할에 한정되지는 않지만, 텍스트 기반 사고의 영역에서 비교적 총체적이고 다양한 피드백을 줄 수 있다는 의미에서 이렇게 분류했다. 창작할 때 도움을 줄 수 있는 도구들은 대부분 기존에 학습한 이미지 및 텍스트를 조합하거나 재조합해 보여 준다. 이를 통해, 원하는 아웃풋을 만들어 주거나 계속해서 새로운 결과물을 제안해 주는 방식으로 사용된다.

한편, 창작자가 챗지피티와 미드저니를 활용한 디지털 작품을 제작하는 방식에는 몇 가지 허들이 있다. 첫째, 생성형 AI를 몇 번만 사용해 보아도 경험할 수 있듯이 아웃풋은 그 스타일의 면에서 '특정 유사성'을 가지고 있다. 지시어를 어떻게 넣느냐에 따라 아웃풋이 달라지지만, 각기 다른 아웃풋들조차도 'AI가 만들어 낸 스타일의 이미지'라는 인상을 준다. 새로운 디지털 이미지를 생성하는 것은 어쩌면 매우 일상적이고 보편적인 일이지만, 그 디지털 이미지가 예술이라는 영역에서 작품으로 불릴 때, '예술 작품'은 어떠한 맥락과 가치를 지니고 있어야 하는가, 예술성은 무엇으로 가늠할 수 있는가에 대한 진지한 질문이 필요하다. 둘째, AI의 학습 풀(pool)에 있는 정보들의 정확성에 대한 보증이다. 대부분의 경우 아웃풋의 서사에 정확성을 요하는데, 이때 아웃풋의 사회적, 역사적, 과학적 사실의 사실 검증에 대한 책임이 모호하다. 그렇다면 창작자가 출처가 모호한 학습 풀에서 인공지능이 선택해 조합한 이미지들을 기반으로 참고, 복제, 가공해 작품의 일부로 사용하거나, 작품 전반의 메커니즘에 이를 드러내며 '인공지능과 협업'했다는 사실 자체에 작품성의 힘이 실릴 수 있을까? 이 작품의 주인은 누구인가? 주인이 없는 작품이 존재하는 시대가 도래하는 것은 아닌가? '창작, 작품, 아트'라는 구별된 독립성을 지닌 수식어를 붙이기 위해서는 창작하는 기술 사용의 당위성과 기준에 대한 수많은 성찰을 통한 시스템이 필요하다. 작품의 정체성을 지휘하는 창작자 주체성의 범위 설정과 저작권의 자격 설정에 대한 재고 또한 병행되어야 한다. AI가 직접 발언할 수 있게 되기 전까지 AI 미디어 아트는 창작 과정을 명확히 헤아릴 수 없는 협업물로서 남는다. 그 협업물은 어쩌면 미래를 위해 지속적으로 업데이트될 주인 없는 성취의 기록이 될 운명을 타고난 것일지도 모른다.

협업하는 창작자들

'협업'이라는 개념은 생산의 모든 과정을 여러 전문적인 부문으로 나누어 여러 사람이 분담해 일을 완성해 낸다는 의미를 지니고 있다. 현시대 미디어 아트는 그 스케일과 방식에서 한 사람이 모든 것을 처음부터 끝까지 진행하는 구조가 이루어지기 어려운 것이 사실이다. 일단 대형의 고가 매체들을 개인이 소유하는 데에 한계가 있거니와, 미디어 아트 창작에 필요한 모든 단계에서 작가가 예술적, 기술적, 건축적 지식에 모두 정통하기에도 한계가 있기 때문이다. 해서, 미디어 아트 작품의 캡션을 보면 마치 영화 제작 크레디트를 연상시키는 경우가 많다. 예를 들면, 작가는 한 명이지만 AI 기술 자문, 키네틱 오브제 디자인, 퍼포먼스, 오브제 제작 및 설치 부문 등 각 분야에서 지적, 물리적으로 협업한 작업자들에 대한 내용이 기재되어 있다. 작가 개인 창작물의 물리적 가치보다는 집단 지성이 함께 만들어 낸 '메시지' 자체가 강조된다. 한편, '문제 직면-창의적 해결-향후 과제'라는 창작의 메커니즘은 어느 한 가지 분야에 국한되어 있지 않다. 기업의 마케팅, 프로젝트 매니징, 미디어 아트 창작이 공유하는 일상적이고도 유연한 범위의 크리에이티브 디렉팅의 영역이 되었다. 현시대 예술가는 예술과 기술의 관계를 탐구하고, 탐구한 바를 실험하고, 적용한다. 미디어, 즉 매개를 통해 메시지 혹은 질문을 남기는 예술적 행위 자체에 가담하는 과정을 반복한다. 작품의 결론보다는 진행에 무게를 두고, 동시대 기술과 함께 미래를 탐구하는 시간 자체를 산다. 이러한 태도는 현시대 예술가가 대중에게 줄 수 있는 영감의 새로운 형태로서 작용한다.

AI 미디어 아트 창작 사례

이쯤에서, 아트 신에서 AI를 활용한 미디어 아티스트들의 작품을 몇 가지 소개하고자 한다. 먼저, 2023년도 전시 '럭스: 시적 해상도(LUX: Poetic Resolution)'에서 AI와 협업한 미디어 아트를 발표한 두 작가의 작품 창작 과정을 소개한다. 첫 번째로, 데이터 학습 AI를 활용한 카오유시(Cao Yuxi)의 〈AI 산수화〉가 있다. 카오유시의 〈AI 산수화〉는 동양의 수묵화 이미지들을 인터넷에서 발견하면서 시작된다. 이 이미지들을 AI가 학습하도록 해서 이를 바탕으로 제작한 AI 산수화를 병풍 형태의 미디어 화면에 송출한다. 정지된 이미지로 보이지 않고 입자들이 흐르고 섞이는 듯하면서 계속해서 변화하는 장면들이 커다란 스케일의 병풍 형태로 보이는 작품이다.

두 번째로, AI 이미지 생성 모델과 협업한 미디어 아티스트인 박제성(Je Baak)의 〈기억색〉(2023)이 있다. 그에게 '기억색'이란 과거의 기억이 색깔의 체험에 영향을 주는 현상이다. 예를 들어 회색 종이를 바나나 모양으로 오려 놓고 어두운 상황에서 보면 노란색으로 보이는 현상을 말한다. 그는 AI가 활용하는 데이터의 시간성에 주목해 자신이 경험하지 않은 혹은 자신과 극히 일부밖에 경험을 공유하지 않은 공동의 기억이 가지게 되는 향수

와도 같은 영향력에 주목한다. 그는 AI를 기술이 아닌 협업자로 정의한다. 그에게 인공지능과의 협업은 데이터화한 인류 공통의 기억과의 협업인 셈이다. 작품은 작가가 직관과 감정에 충실해 추상적 이미지를 그려 내고, 이 감정을 '시'로 언어화하는 것에서 시작된다. 이후 추상적인 이미지를 그리는 과정을 담은 영상에 AI 이미지 생성 모델이 시의 의미를 덧붙이는 과정을 거친다. 이때, AI가 작가의 시를 듣고 마치 꿈을 꾸듯이 자신의 기억을 덧입히는 과정에서 영상은 작가의 시각과 닮은 듯하면서도 낯선 결과에 도달한다. 한편, 영상이 상영되는 동안 한국의 전통 음악인 '정가'가 흘러나온다. 음절 간에 숨이 매우 긴 정가는 뜻이 아닌 목소리와 공기의 진동을 전달하는 특징을 가진다. 이로써 작품의 의미를 전달하기보다는 소리를 내는 행위 자체가 강조된다. 작품에서 추상적 이미지와 시어, 그리고 AI가 해석한 이미지들은 서로 조화를 이루기도, 충돌하기도 하며 노출된다('럭스: 시적 해상도(2023)' 도록에서 발췌 및 재가공, 작가 제공).

위와 같이 미디어 아티스트가 AI와 협업해 작업하는 경우들도 있지만, 미디어 아티스트와 공학자가 함께 협업해 AI 미디어 아트를 제작하는 사례도 있다. 같은 해인

2023년도 울산시립미술관에서 진행된 전시 '뒤틀린 데이터(Data Distorted)'에 출품된 작품 〈기계로부터〉(2023)의 경우가 그렇다. 이 작품은 미디어 아티스트인 팀보이드와 공학자 이승아가 협업한 AI 미디어 아트다. 이승아 교수 연구팀(광학 이미징 시스템 랩)은 노이즈 필터를 사용해서 특정한 패턴으로 제작되는 필터를 이용해 관찰 이미지를 얻어 내는 무렌즈 카메라 방식을 적용한다. 여기에서 관찰된 이미지는 형체를 알아볼 수 없을 정도로 왜곡되어 있지만 인공지능을 통해 복원한 이미지를 생성할 수 있다. 인공지능을 통해 생성된 이미지는 키네틱 노이즈 유리를 통해 변형되고, 카메라를 통해 관찰된 이미지는 다시 AI에 의해 해석되어 새로운 이미지를 만들어 내는 방식으로 진행된다. 팀보이드의 배재혁 작가는 지금까지 불안 요소로서 시스템에서 줄여왔던 노이즈를 새로운 도구로 사용해, 이전 루미노 키네틱 (Lumino Kinetic) 작업에서 나아가 시스템의 현상 너머의 기계로부터 확장된 해석 방식을 탐색한다. 기계로부터 이미지를 생성하고 변형하고 그리고 다시 해석함으로써 인간이 개입할 수 없는 일련의 과정을 통해 시스템 속에서 새로운 가능성을 보여 주는 방식이다(전시 '뒤틀린 데이터(Data Distorted)' 도록에서 발췌 및 재가공,

작가 제공).

미디어 아티스트가 AI와 협업하거나, 미디어 아티스트와 공학 연구팀이 협업하는 방식 등 여러 협업의 형태를 통한 AI 미디어 아트 창작은 활발히 진행되고 있다. 한편, 미국의 예술가 브로디 콘던(Brody Condon)은 한 인터뷰에서 "중요한 것은 재료로 쓰인 물질이 아니라 아이디어다. 나는 뉴 미디어에 대해서는 전혀 신경 쓰지 않는다"라고 말했다. 우리는 종종 AI 미디어 아트를 감상할 때 작품을 이루는 기술의 레이어에만 집중하기 쉽다. 하지만 창작자의 입장에서 어떠한 무수한 방법론을 거친 창작물이든지 그 본질은 결국 원점인 아이디어, 즉 메시지로 귀결된다.

참고문헌

전시도록 ≪뒤틀린 데이터(Data distorted)(2023)≫, 울산시립미술관.

전시도록 ≪럭스: 시적 해상도(LUX: Poetic resolution)(2023)≫, 숨 프로젝트.

Domenico Quaranta(2013). *Beyond new media art*. Lulu.com. 주경란 외 옮김(2018). 『뉴 미디어 아트, 매체를 넘어서』. 칼라박스.

04

AI 미디어 아트 감상법

AI 미디어 아트를 감상할 때, 작품이 제작되는 방식 혹은 완성된 작품을 만나게 되는 상황에 따라 감상자는 전혀 다른 체계 위에 놓이게 된다. AI 미디어 아트에 내재한 딥러닝 기술의 '편향성'과 AI에 부여된 '주체성'은 감상의 영역에서 비판적으로 다루어 보아야 할 주제다.

AI와 사주?

감상자의 영역

누구나 한 번쯤 독서할 때, 텍스트의 특정 키워드나 문장에 전적으로 공감하는 경험을 해 보았을 것이다. 책에서 내가 하고 싶었던 말을 대신 해 준 듯한 느낌을 받을 때가 있는 반면에, 평소 가지고 있던 관점과 완전히 상이한 내용에 괴리감을 느끼거나 비판적 시각을 가질 수도 있다. 글을 쓰는 작가든, 유튜브 크리에이터든, 미디어 아티스트든 창작자들은 각자의 미디엄을 통해 '최초 발언'을 하는 발제자다. 발제자의 창작물을 감상하거나 소비하는 감상자는 그 창작물의 미적이거나 지적인 부분을 향유할 수 있고, 비평할 수 있다. 그렇다면 미디어 아트를 감상하는 감상자로서, 해당 작품의 공동 창작자가 될 수 있을까? 미디어 아트 전시에서 제작한 시스템에 대한 감상자의 반응을 통해 실시간으로 업데이트되는 현재성을 띤 작품들을 종종 발견한다. 또한 AI를 활용한 연구 베이스의 작업이 늘어나면서 AI 미디어 아트를 감상하는 감상자들은 사전 동의를 통해 작품 창작의 과정에 관여하기도 한다. 작품에서 참여자의 생각과 반응은 작품이 던진 질문의 답변이 될 수도 있으며, 작품의 최종 스테이트먼트에 지대한 영향을 줄 수도 있다. 반면에 충분히 정돈되지 않은 전제 조건 혹은 참여 방식의 자율성 등은 작품 자체의 의도를 흐리거나 치밀성을 떨어뜨리기도 한다. AI 미디어 아트의 실험적인 창작 과정과 이를 감상하는 감상자에게 부여된 새로운 역할은 종종 작품의 완성도에 대한 관대함을 허락하기도 하는 분별의 사각지대를 만들기도 한다.

딥러닝이 나오기까지

AI는 교육, 산업, 상업, 농업, 예술 등 모든 분야에서 활발히 사용되고 있다. 예술 분야에서는 AI를 활용한 미디어 아트를 자주 접하게 되는데, AI 미디어 아트를 감상하기 위해서는 미디어 아트를 수식하는 'AI'의 의미에 대해 살펴볼 필요가 있다. 'AI'에는 수많은 갈래가 있다. 미디어 아트 분야에서 창작자들은 각기 다른 관점으로 AI라는 개념을 다루기도 하고, AI로부터 다양한 방법들을 활용해 작품을 제작하기도 한다. 이번 장에서 AI 미디어 아트 감상법에 대해 다룰 때에는 그중에서도 생성형 AI 프로그램 등 창작의 방법 면에서 자주 활용되는 '딥러닝' 기술에 대해 다루고자 한다. 먼저, 딥러닝이 출현하기까지의 과정을 간략히 살펴본다.

AI에 대한 연구는 1950년대부터 1970년대 사이에 인지 기능, 학습 기능, 자연어 이해 기능을 중심으로 시작되었다. 1970년대부터 1980년대 후반까지는 괄목할 만한 연구 성과가 없었지만 지능형 인공지능 시스템이 개발되면서 특정 영역 문제 해결을 위해 사람의 전문 지식을 사용하는 방식의 연구가 진행되었다. 1980년대 후반에는 인공지능 자체에 대한 비판이 이루어지며 연구에 대한 관심도가 현저히 떨어졌으나, 1987년 에이전트 기반 인터페이스가 화두로 떠오르기도 했다. 이에 대한 연구는 사람처럼 결정하는 에이전트를 만드는 것보다 최적의 결정을 내리는 에이전트를 만드는 것을 목표로 했고, 선호도(Preference)와 효용도(Utility)가 주요한 키워드로 등장한다. 1990년대에는 에이전트 시스템이 두루 사용되며, '불확실성을 다루는 연구'가 주로 이루어졌다.

AI에 대한 대중적인 차원의 관심은 현재 21세기 '머신 러닝(Machine Learning)'를 화두로 해서 증폭되고 있다. 머신 러닝은 1956년 존 매카시(John McCarthy)가 제안한 신경망에 대한 연구를 중심으로 하고 있다. 이 분야는 1969년 마빈 민스키(Marvin Lee Minsky)와 시모어 패퍼트(Seymour Papert)가 쓴 『퍼셉트론(The Perceptron)』이라는 책이 나오고 나서, 1960년대 후반부터 1980년대 중반까지 연구가 중단된 분야였다. 신경망 연구는 머신 러닝의 방법 중 하나에 불과한 분야였으나, '딥러닝'이라는 기술 덕분에 신경망 기술이 성공하게 되었다. 오늘날 학계에서 '머신 러닝' 연구자들은 자신의 연구 분야를 '인공지능' 연구와 분리해서 지칭하는 경우가 있을 정도로 '머신 러닝', 즉 신경망에 대한 연구는 독자적인 영역으로서 그 존재감을 드러내고 있다. 거대한 규모의 신경망 연결과 이에 대한 학습법의 발달, 그리고 방대한 규모의 데이터의 양과 고성능 컴퓨터의 사용은 신경망 기반의 딥러닝을 성공시켰다.

하지만 딥러닝을 통해 구현된 지능의 실체는 불명확하다. 결론의 도출 과정을 제시할 수 없어 그 출처를 알기 어렵다. 또한 같은 대상을 분류해야 하는 경우, '다름'에 대해 주어진 데이터 안에서 상대적인 판단을 하기 때문에 대상 자체를 다르게 정의할 수 있다. 이에 따라, 적대적 의도를 가진 사람이 고의로 딥러닝 프로그램에 문제를 일으킬 수도 있는데, 이를 적대적 머신 러닝(Adversarial Machine Learning)이라고 부른다.

생성형 AI와 편향성의 이슈

1950년부터 현재까지의 AI 연구의 흐름을 보면, AI가 어떤 기술을 지칭하기보다는 사람과 같은 의식, 자아, 지성을 갖춘 더 강한 대체재를 만들기 위한 방법을 연구하는 포괄적인 학문임을 알 수 있다. 21세기에 우리가 AI라고 부르고 생각하는 대상은 AI의 성과물들, 즉 지능적인 요소 중 하나인 딥러닝과 관련되어 있다. 대규모의 학습한 데이터들을 기반으로 훈련한 딥러닝 모델을 사용해 '새로운 콘텐츠를 생성'하는 인공지능의 한 기술이 '생성형 AI'다. 대부분의 AI 미디어 아트는 딥러닝 기반 '생성형 AI'를 활용한 경우가 많다.

감상자는 생성형 AI로 제작한 작품을 감상할 때, 다음과 같은 한계점에 대해 인지한다. 딥러닝이 가지고 있는 대표적인 한계점인 '알고리즘의 편향성'이다. 생성형 AI를 활용해 작품을 제작할 때, 특정 지시에 따라 생성한 이미지나 영상을 가공해 사용할 경우 알고리즘 편향성의 한계에 부딪힐 수 있다. AI가 학습한 데이터들은 누군가가 만들어 놓은 데이터 묶음이고, 그 데이터들에는 내재한 편향성이 있을 수밖에 없다. 결론 도출 과정을 복기해 볼 수 없는 딥러닝의 특성상 목적에 따른 올바른 데이터들이 수집되었는지 신뢰하기 어렵다. 작가가 이러한 측면을 고려하지 않은 채 생성형 AI를 활용한 작업을 한다면, 감상자는 그 한계점까지 작품의 내러티브로 가져와 작품에 대해 이해해야 할 것이다. 편향성 자체를 주제로 해서 그에 대한 작업을 한 작품의 경우 오히려 한계점을 관통해 시사점을 던진 명쾌한 사례가 되지 않을까?

AI와 창작자의 주관적인 마음

1950년 국제 학술지 ≪마인드(Mind)≫에 실린 논문 "컴퓨팅 기계와 지성"에 앨런 튜링의 '튜링 테스트(Turing Test)'가 처음 공개되었다. 튜링 테스트는 사람이 기계 지능과 인간 지능의 대응을 구별할 수 있는지 시험해 기계 지능과 인간 지능을 구분하는 테스트다. 기계 지능이 진짜 인간 지능이 될 수 있는지가 아니라, 진짜와 구별할 수 없을 만한 일을 할 수 있는지를 테스트해 보는 실험인 것이다. 만약 질문자가 답변자와 문답하는 동안 사람과 대화했다고 느꼈지만, 사실 답변자가 컴퓨터 프로그램이었다면 테스트를 통과한 것이다. 여기에서 프로그램이 실제로 대화의 내용을 이해했고, 이에 대해 연구하고자 한다면 이는 강인공지능 연구에 해당한다. 반면에, 프로그램이 대화 내용을 이해하지 못했지만 대화를 이해한 것처럼 보였고, 이 정도의 프로그램을 연구하고자 한다면 이는 약인공지능 연구에 해당한다.

약인공지능과 강인공지능이라는 용어는 철학자 존 설(John Searle)이 만들었다. 설은 강인공지능이 불가능함을 주장했고, 이에 대한 근거로 '중국어의 방(Chinese

Room)' 실험을 내놓았다. 내용은 이렇다. 한 남성이 방 안에서 문구멍을 통해 중국어 질문이 적힌 카드를 받았다. 그 남성은 중국어를 이해하지 못하지만, 학습한 규칙에 따라 질문의 답을 작성해 문밖으로 전달한다. 이때, 방 안의 남성은 중국어를 이해한 것일까? 학습한 규칙에 따라 그 규칙을 성실히 시행한 것일까? 미국 콜로라도 주립 박람회 미술 대회에서 디지털 아트 부분에서 AI가 그린 그림이 우승했다는 뉴스로 넘어가 보자. 게임 기획자 제이슨 앨런(Jason Allen)은 미드저니라는 생성형 AI로 지시어를 900회 이상 입력해 디지털 이미지를 만들었고, 이 디지털 이미지가 우승했다. 900회 이상의 지시어는 앨런의 작품 의도이고, 그에 따른 구현을 해낸 AI는 학습한 규칙에 따라 수많은 위칫값 중 최선의 배열을 만들어 냈을 것이다. 뉴스의 헤드라인에는 'AI가 그린 그림이 사람이 그린 그림들을 제치고 우승하다'라고 표현되었지만, 엄밀히 따져 보면, 그 작품에서 그림을 그렸다고 표현된 주체인 AI가 어떠한 자극을 모티프로 해서 디지털 이미지를 만들어 냈는지 모호한 측면이 있다. 과연 그 이미지에는 AI가 창작하고자 하는 마음에서 비롯한 '주관'이 들어 있을까? 그 이미지는 앞선 '중국어의 방' 실험처럼 실제적 이해를 결여한 채, 앨런이 의도한 인풋에 따라 적절한 위칫값을 구현해 낸 결과물에 불과한 것은 아닐까? 이에 대한 답은 AI가 주관적인 마음을 구현하기까지 도달하고자 하는 강인공지능 연구의 미래에 달려 있을 수 있다. 이는 생성형 AI를 기반으로 제작한 모든 종류의 디지털 아트, 미디어 아트를 감상할 때 한 번쯤 생각해 보아야 할 이슈다.

어떤 AI 미디어 아티스트들은 종종 본인 작품에 대해 "이 작품은 AI와 협업해서 나온 작품이다"라고 소개하는 경우가 있다. 어느 경우에는 AI가 다소 수동적인 위치에서 활용된 후, 작가의 역량에 기반한 텍스트에 녹아 작품의 주체에 달하는 주체성을 획득하기도 한다. AI라는 수식어가 작품을 수식할 때, AI가 작품에 관여한 방식과 의미에 대한 구체적 구술이 필요할 수 있다. 반면, 구체적 구술이 작품의 의도를 적확하게 표현하는 데에 도움이 되는 방식인지에 대한 질문 또한 필요하다. 어느 쪽을 택하든 그것은 작가의 의도에 따라 성립한다. 다만, AI라는 대상을 협업의 주체로서 진술할 때 그 수식어의 당위성에 대한 '설득력'은 감상에 의해 직관적으로 느낄 수 있다. 기술적 연구를 기반으로 한 이해, 작품이 던지는 화두, 의도와의 상호 작용성을 아우르는 통합적 통찰이 창작자로부터 이루어질 때, 작품에 대한 감상의 깊이가 궁

극에 이를 수 있지 않을까?

참고문헌

Michael Wooldridge(2020). *The road to conscious machines: The story of AI.* Pelican. 김의석 옮김(2023). 『괄호로 만든 세계: 옥스퍼드대 교수가 집약한 의식 기계의 차가운 미래』. 알에이치코리아.

05
AI 미디어 아티스트

미디어 아티스트에게 AI라는 수식어는 그 부연 자체로 존재감이 상당하다. 한편, 최근에 미디어 아티스트가 단수가 아닌 복수의 형태로 존재하는 경우가 증가하고 있다. 다양한 가치 체계와 복합적인 장르들의 일치점에서 무한한 협업이 이루어지는 시대에, 우리는 스포트라이트를 받은 수면 위의 AI 미디어 아트를 만난다.

AI와 아이돌?

아티스트인 것과 아티스트가 아닌 것

예술계에서는 21세기에 접어들어 탈 장르 혹은 융복합 장르 실험을 포함한 다원주의적인 시도가 늘어나고 있다. 하나의 다원 예술 프로젝트를 진행할 때 기획, 사운드 디자인, 퍼포먼스, 미디어 아트, AI 등과 같은 영역들이 한자리에서 만난다. 각 참여자가 '아티스트'로, 해당 주제를 중심으로 해서 장르 간 경계점을 잇고 협업해 표현하는 방식이다.

대중 예술 분야에서도 '아티스트'라는 지칭어가 빈번하게 사용된다. 예를 들어, 엔터테인먼트 기획사에서는 크리에이티브 디렉터의 디렉팅을 중심으로, 여러 분야의 전문가들이 아티스트라고 지칭하는 아이돌 혹은 배우의 아이덴티티를 기획하고 관리한다. 대중 예술 분야에서 '아티스트'는 작곡가이자 가수이고, 연기자이자 미술 작가일 수 있다. 다양한 영역에서 활동하는 아티스트는 특정 브랜드와 협업해 브랜드의 디자인에 참여하거나 해당 브랜드의 모델이 되기도 한다. '예술과 산업'의 카테고리에 있는 장르를 넘나들며 아티스트라는 이름으로 유연하게 활동한다.

미술 신으로 돌아와, 미술관에서 '아티스트'의 작품 전시를 기획할 때는 전시 기획자, 전시 공간 디자이너, 학예사, 전문 자문 위원, 연구원이 머리를 맞대고 회의를 거듭한다. 기획 의도에 따라 작가의 작품 세계를 어떠한 방식으로 보여 줄 것인지, 감상자에게 어떠한 경험을 할 수 있도록 디자인할 것인지 등을 고민하면서 스토리텔링을 만들어 내는 협업이 필요하다.

그렇다면 메타버스(Metaverse)에서 활동하는 디지털 아티스트(Digital Artist)는 어떠한가? 자신의 고유한 정체성을 기반으로 디지털 세상과 아날로그 세상을 넘나들며 세계관을 공유한다. 표현의 방식과 공유하는 공간이 다를 뿐, 기존의 순수 예술 분야의 아티스트 스튜디오와 유사하다. 아티스트는 아이디어를 던지고, 여러 매체를 통해 이를 표현하며, 원하는 스케일의 작품을 제작한다. 그리고 온, 오프라인 공간에서 그 작품을 발표하고 전시한다.

이렇듯 각기 다른 배경을 지닌 아티스트들은 공통된 유사성을 공유한 채, 순수 예술 분야와 대중 예술 분야의 경계, 기존의 창작/전시 공간과 메타버스라는 장소성의 경계를 허문다. 이들은 '아티스트'라는 수식어 아래에 공존하고 이동하고 생존하며, 크리에이티브라는 형용사를 장착한 아이디어를 중심으로 차별화된 세계관을 형성한다. 이들의 활동은 폴로어(Follower), 팬덤(Fandom),

관람객들에게 영감을 주며 상호 공감대를 형성하며 살아간다.

개척자들

무한 경쟁이 아닌 무한 협업의 시대다. 한 점의 창작물이 탄생하기까지, 미디어 아티스트에게 요구되는 자질은 제작자의 측면과 더불어 디렉터로서의 역량이다. 작품의 성격에 따라 어떤 경우에는 오브제를 제작하는 제조의 측면을 넘어, 오브제가 포함된 장치와 구성 요소 간의 관계가 만들어 내는 서사를 통해 상황을 연출하고 경험케 하는 창작과 감상 전반을 책임져야 하기 때문이다. 또한 AI가 결합된 기술 연구 기반 미디어 아트는 협업을 통한 집단 지성의 발현이 필요한 경우가 많다. 미디어 아티스트가 프로젝트에서 단순 영상 콘텐츠만 출품하는 정도의 비중으로 관여한다면 다른 이야기가 될 수 있겠지만, 미디어 아티스트는 협업과 전시 경험을 통해 자기 작품 의도가 어떠한 상황에서 어떠한 미디엄을 통해 어떠한 맥락으로 경험될지에 대한 총체적 방향을 제시하고 설득하는 역량을 장착한다. 각기 다른 전문성을 지닌 프로젝트 참여자들은 한정된 시간과 자원 안에서 합리적 크리에이티비티(Creativity)를 발휘한다. 작품의 의도 구현을 위한 문제의 해결 과정에서 다른 작업자의 역량이 흡수되고 때로는 충돌하기도 하며 한 팀이 되기도 된다.

의도와 기술의 페어플레이

AI 미디어 아티스트라고 소개되는 대표적인 작가들 중, 레픽 아나돌(Refik Anadol), 강은수, 신승백과 김용훈의 작업에 대해 소개하고자 한다.

먼저, 2024년 9월, 푸투라 서울(FUTURA SEOUL)에서 개인전 '대지의 메아리: 살아 있는 아카이브'를 개최한 AI 미디어 아티스트 레픽 아나돌은 AI 모델을 기반으로 작품을 만든다. 레픽 아나돌 스튜디오(RAS)는 자연에 특화된 오픈 소스 생성형 AI 모델인 '대규모 자연 모델(Large nature model, 이하 LNM)'을 개발했다. LNM은 레픽 아나돌 스튜디오가 10여 년간 수집한 자연계 데이터와 다른 학문 기관들이 소장하고 있는 데이터, 전 세계 16곳의 우림에서 수집한 사진, 소리, 3D 스캔 데이터 등을 학습한 AI 모델이다. 작가는 이 자연의 데이터를 학습한 AI 알고리즘을 통해 데이터를 시각화한다. 이외에도 '집단 기억과 감정'에 대한 화두를 바탕으로, 기억과 미래를 연결하는 방법을 연구하며 작업한다.

AI 미디어 아티스트 강은수는 인터랙티브 아트, 비디

오 아트, AI 아트를 중심으로 작업하는 작가다. 그의 AI 아트 중에서 대표적인 작품으로는 〈얼굴 시리즈(Face Series)〉(2017)가 있다. 〈얼굴 시리즈〉는 존재하지 않는 사람들의 얼굴을 보여 준다. 『한국 미디어 아트의 흐름』에 실린 그의 인터뷰에 따르면, 이 작품은 인공지능 알고리즘이라고 불리는 인공 신경 네트워크의 협력으로 만들어졌다. MMD-GAN(Maximum Mean Discrepance Generative Adversarial Network) 신경 네트워크가 20만 명의 사람 얼굴을 공부하고 새로운 얼굴들을 만들어 낸 결과물이다. 인공 신경 네트워크는 마치 어린아이가 많은 마주침 속에서 무언가를 배워 가고 그려 내듯, 성별, 인종, 나이에 대한 구분이 없이 학습한다. 그 결과로 매우 다양하고 독특한 얼굴들을 그려 낸다. 작가는 이 작품에서 드러나는 성별, 인종, 나이의 모호함이 인간 얼굴의 넓은 스펙트럼을 보여 주고 특정한 스테레오 타입으로 쉽게 분류할 수 없다는 사실을 보여 준다고 말한다. 그는 AI 아트에 쓰인 인공 신경 네트워크는 완벽하게 통제할 수 있는 도구를 넘어선다고 여긴다. 그에게 인공 신경 네트워크는 고유한 관점과 예술적인 스타일을 보여 주기 위한 작품의 도구가 아닌 동료 예술가(Creator)이자 협업자(Collaborator)다.

한편, 알고리즘 아트, AI 아트, 인터랙티브 미디어 설치 분야에서 활동하는 AI 미디어 아티스트 신승백과 김용훈은 협업하는 미디어 아티스트 팀이다. 『한국 미디어 아트의 흐름』에 소개된 그들의 작품 중에서 AI 작품 〈Flower〉, 〈Non Facial Portrait〉와 〈마음〉에 대한 내용을 발췌해 소개하고자 한다.

먼저, 이 팀이 2017년에 광주시립미술관에서 선보인 작품 〈Flower〉는 직접 촬영한 매화, 개나리, 철쭉 등 일곱 가지 꽃 이미지를 기반으로 만들어졌다. 작품에서는 다양하게 왜곡된 꽃 가운데 AI가 여전히 '꽃'이라고 인식한 이미지들을 보여 준다. 인간의 눈으로 볼 때, 꽃으로 보이기도 하지만 전혀 꽃 같지 않은 이미지들도 있다. 일곱 개의 꽃 영상이 일곱 개의 스크린에 디스플레이되는 방식으로 전시된다. 이 작업에 사용된 AI 시각 기술은 구글 클라우드 비전 API이다. 이는 얼굴 인식, 사물 인식, 문자 인식 등의 기술을 구글이 제공하는 컴퓨터 시각 서비스다. 이 팀은 사물 인식 기술을 사용했는데, 사용자가 인터넷을 통해 구글로 이미지를 보내면 그 이미지가 무엇인지에 대한 카테고리 리스트를 점수(0~1점 사이)와 함께 보내 준다. 예를 들어, 매화꽃 이미지를 보내면 꽃: 0.923, 흰색: 0.902, 식물: 0.834 등의 결과를 받게 된다. 작품 〈Flower〉에는 그 결과 중에서 '꽃'이 리스트의 첫 번째에 있으면서 0.9점 이상일 때의 이미지만을 선택한다. AI가 상당히 높은 확률로 꽃이라고 인식한 이미지들인 것이다. 한편, AI가 '꽃'으로 인식한 왜곡된 이미지 중에는 인간의 눈에는 꽃으로 보이지 않는 것들도 있다. 이 작품에서 구글의 사물 인식 기술이 인간과 똑같은 방식으로 보는 것은 아니라는 점이 도출된다.

두 번째로, 2018년도 미디어 시티 서울 비엔날레에서 선보인 그들의 작품 〈Non Facial Portrait〉는 화가들을 초대해 한 인물의 초상화를 그리게 한 작품이다. 화가들이 'AI는 완성된 초상화에서 얼굴을 찾을 수 없어야 한다'라는 조건을 충족해서 그리도록 했다. 화가가 그림을 그리는 동안 카메라는 그림을 지켜보고 모니터에 얼굴 검출 여부를 표시한다. 화가는 이를 참고하면서 AI에 의해 얼굴 인식이 되지 않도록 초상화를 그려 나간다. 얼굴 인식이 되지 않게 할수록 재현적 요소가 줄어들어 일반적으로 인식하는 초상화의 모습과 멀어지게 된다. AI는 얼굴로 인식하지 못하지만, 인간은 그 대상이라고 여기는, AI와 겹치지 않는 인간만의 시각적인 영역을 찾아 나가야 하는 작품이다. 작품을 완성했다고 판단했을 때, 캔버스를 움직여 여러 각도와 거리에서 얼굴 인식이 되지 않는지 체크한다. 다양한 시점에서도 얼굴 인식이 되지 않고, 참여자 자신이 이 그림을 대상 인물의 초상화라고 할 수 있으면 완성한 것으로 본다. 전시에서는 화가들이 저마다의 방법으로 완성한 초상화와 그 과정을 기록한 영상을 전시했다. 이 작업에는 두 가지 흥미로운 지점이 있다. 먼저, 이 작업은 우리가 일반적으로 생각하는 '초상화'에 대한 관념을 흔들어 놓는다. 우리를 시각적 재현에 국한된 이미지에서 벗어난 사유로 이끈다. 두 번째로, 비교군이 시각적 영역에 제한되어 있다는 점에서 다소 한계점이 있을 수 있지만, 이 작업은 AI의 관점을 실시간으로 인식함과 동시에 인간만의 구별된 관점에 대해 탐구하게 만든다.

마지막으로, 그들의 AI 작품 〈마음〉은 국립현대미술관 전시인 '광장'에서 전시한 작품으로, 카메라에 담은 사람들의 얼굴에서 느껴지는 감정을 인공지능이 분석해 오션 드럼의 소리로 바꾸게 한 작업이다. 카메라가 천천히 돌면서 관람객의 얼굴을 인식하고 이들의 표정에서 감정을 읽는다. 감정은 행복(happy), 슬픔(sad), 두려움(fear), 화(angry)로 나누어서 분석했다. 그리고 관람객의 표정을 수집한 데이터는 오션 드럼을 통해 파도 소리로 전환된다. 위 세 작품을 보면, 신승백, 김용훈 팀의 AI

아트는 AI 기술 중에서도 AI 시각에 집중되어 있다. 모든 시각적 판단의 주체였던 인간의 영역이 스스로 보고 판단하는 AI의 영역과 맞물리는 현상에 대한 의미와 그 파급력에 대한 질문을 던진다.

동시대 AI 미디어 아티스트들은 나름의 초점을 가지고 AI를 연구하고 AI와 협업하며 시대에 화두를 던진다. 이들에게 AI는 일상적인 창작의 도구 중 하나로 자리 잡아 가고 있다. 이 과정에서 'AI는 예술 표현의 한 도구인가, 협업하는 예술 표현의 주체인가?'라는 질문은 지속된다. '새로운 기술'은 대부분의 작품을 소개하는 매력적인 단어이지만, '새로운 기술적 아이디어' 자체를 예술로 바라볼 수는 없다. 인터넷 아티스트이자 이론가, 비디오 평론가이자 큐레이터이기도 한 올리아 리알리나(Olia Lialina)는 뉴 미디어가 동시대 예술의 주제가 되어 그 안으로 녹아드는 것에 대해 경계하기도 했다. 미디어의 가벼움과 무거움 사이 어느 지점에서 예술가의 언어로 이야기하는 사람이 미디어 아티스트라면, '아티스트의 언어는 어떻게 만들어질까?'에 대한 질문이 더욱이 필요한 시점이 아닐까?

참고문헌

강미정, 장현경(2020). 『한국 미디어 아트의 흐름: 미디어 아티스트 37팀의 인터뷰』, 북코리아.

Domenico Quaranta(2013). *Beyond new media art*. Lulu.com. 주경란 외 옮김(2018). 『뉴 미디어 아트, 매체를 넘어서』. 칼라박스.

Olia Lialina, et. al.(2007.3.2). Media art undone, conference panel at transmediale 07, Berlin. https://youtu.be/h_s9pLLmpxk

06
헤리티지와 AI 미디어 아트의 융합

헤리티지와 미디어 아트. 그리고 AI의 조합은 과거와 현재, 그리고 미래를 관통하는 복합적이고도 날 선 융합의 체계다. 이는 문화유산의 고증적 가치와 시대성을 근간으로 한 예술적 가치가 가장 동시대적인 기술로 표현되는 경우이기에 그렇다.

AI와 야구?

디지털 캔버스가 된 문화재들

미디어 아트는 주로 화이트 큐브(White Cube)에서 설치미술(Installation art), 키네틱 아트(Kinetic Art), 사운드 아트(Sound art), 인터랙티브 아트(Interactive Art) 등의 형태로 만날 수 있다. 대형 미디어 아트 전시관에서는 프로젝션 매핑(Projection Mapping)－대상물의 표면에 빛으로 이루어진 영상을 투사하는 기술의 형태－으로, 그리고 문화유산 축제에서는 미디어 파사드(Media Facade)－건물 외벽을 캔버스로 해서 영상을 투사하는 방식－로 그 모습을 드러낸다. 어두운 밤에는 그 모습을 보기 어려운 문화유산의 외벽이 미디어 파사드를 통해 거대한 건축적 캔버스가 된다. 미디어 파사드는 빛이 작품의 안료로서 작용하기 때문에 문화재 훼손에 대한 이슈가 비교적 적다는 이점을 가지고 있어 널리 사용되고 있다.

유네스코는 2003년에 디지털(Digital)과 문화유산(Culture Heritage)을 합친 디지털 헤리티지(Digital Heritage)라는 개념에 대해 서술했다. 디지털 헤리티지는 유, 무형의 문화유산을 디지털로 보존, 연구, 응용해 콘텐츠로 제작하고 관광 자원으로까지 활용하는 활용성을 띤 역할을 한다. 한국에서는 작년을 기준으로 한국의 국가유산청 주관으로 전국에 8개의 문화유산 미디어 아트 축제가 열렸다. 한국의 문화유산에서 예술과 기술을 융합한 미디어 아트 축제가 시작된 지 약 10년이 지나고 있다. 문화유산 미디어 아트는 다음 해부터 국가유산 미디어 아트, 즉 헤리티지 미디어 아트라는 용어로 칭할 예정이다.

문화유산 미디어 아트 축제는 시민들이 헤리티지 미디어 아트를 감상하고 즐길 수 있는 하나의 문화적 행사로 자리 잡았다. 또한 헤리티지 미디어 아트는 국가유산의 유, 무형적 요소를 소재로 해서 AR(증강 현실), VR(가상 현실), XR(확장 현실) 등 다양한 차원의 방법론을 통해 작품화되기도 한다. 말 그대로 기술성과 예술성이 만나, 역사적 의미 위에 과거와 현재, 미래를 관통하는 새로운 서사를 만들어 내는 시간 예술이다. 그 예로, 유네스코 세계 유산에 등재된 사적 수원 화성(창룡문 일원)에서는 그 장소의 역사적 스토리를 기반으로 한 미디어 아트 축제를 진행한 바 있다. 수원 화성의 2023년도 미디어 아트의 메인 작품 중 하나로, 미디어 아티스트 AHA Collective의 작품 〈극 極_Equilibrium〉이 있다. 〈극 極_Equilibrium〉은 창룡문에 투사된 러닝 타임 10분의 미디어 파사드 작품이다. 이 작품은 수원 화성 행행의 네 가지 파트 중 마지막 파트로, '황금 갑옷과 개혁 신도시

수원 화성'을 주제로 한 작업이다. 구체적으로, 정조가 개혁의 종착지에 다다랐을 때의 모습을 다루었다. 개혁을 이루기까지 정조의 마음의 평정, 강인한 정신, 힘의 균형을 바탕으로 한 '포용의 가치'를 표현한 작업이다. 이 작품에서는 선대의 정신적 유산의 가치를 동시대의 언어로 표현하는 지점이 두드러진다. 예를 들면, 〈반차도〉에 등장하는 정조의 모친, 혜경궁 홍씨가 탔던 가마의 형상에서 모티프를 얻어, '효(孝)'의 의미를 담은 새로운 행렬의 수단을 3D 모델링해 디자인한다. 이렇게 디자인한 소재를 작품 안에 녹여 내어 과거와 현재, 미래를 관통하는 '효'의 가치를 3D 환경 안에 깊이감을 더해 표현한다. 창룡문이라는 '장소성'을 시간을 연결하는 매개물이자 캔버스로 삼아, 그 물성을 그대로 모델링한다. 이후, 성벽을 스캐닝해 벽돌의 형상을 3D로 제작하고, 성벽이 무너지고 재건되는 모습을 물리적인 변화로 연출한다. 실제로는 구현할 수 없는 상상의 이야기들을 실감형 콘텐츠로서 보여 준다는 특징이 있다. 이는 역사적 고증을 기반으로 한 스토리텔링, 문화유산 그 자체가 지니고 있는 시대적 가치, 그리고 3D 기반 실감형 제작 기술이 어우러져 '헤리티지 미디어 아트'를 제작한 작업 과정의 한 사례다. 헤리티지 미디어 아트에서는 시민 모두가 즐기고 감상할 수 있는 '대중성 위에 구축된 예술성'이 핵심적인 가치라고 볼 수 있다. 밀도 있는 연구를 바탕으로, 역사적 흐름을 관통하는 사유가 동시대 기술의 특성과 절묘하게 만날 때, 그 예술적 가치가 극대화한다.

헤리티지 × AI × 미디어 아트

헤리티지 미디어 아트에서 AI 미디어 아트 또한 발견할 수 있다. 그 예로, 2024년도 익산 미륵사지 국가유산 미디어 아트 축제에서 작가 더크로싱랩의 작품 <백제로의 시간 여행>이 있다. 이 작품은 AI가 만든 가상의 공간에서 동서양의 악기와 음악이 어우러져 하나의 교향곡을 완성하는 작품이다. 터널처럼 배치된 26개의 미디어 패널은 624년과 2024년이 함께 연결된다는 의미를 담아, 과거와 현재는 단절되지 않고 서로 교차하고 있음을 표현한 작품이다. 이 작품은 무왕이 1400년이 지난 오늘날 우리에게 던지는 메시지를 현대적인 미디어 아트로 표현하려는 의도에서 시작되었다. 전통과 현대를 잇는 다리로서, 관람객이 백제 시대의 정취와 문화를 체험할 수 있도록 기획했다. 미륵사지를 단순한 역사적 유적지로 보는 것이 아니라, 전륜성왕의 신화와 함께 백제 무왕의 의지가 깃든 상징적인 공간으로 재해석한 작품이다. 작가는 무왕의 정법 실천 의지를 주제로 삼아, '질서와 하모니'에 주목한다. 각 LED 포스터는 하나의 악기를 연주하는 연주자와 그 배경을 보여 주며, 이들이 함께 만들어 내는 음악은 결국 하나의 교향곡을 완성한다. 작품 제작 방식은 다음과 같다. 작품에 출연할 연주자를 섭외해 실제 연주 장면을 크로마키 촬영한다. 이후, 전통 민화의 색채와 질감, 백제 시대의 환경 등을 생성형 AI에 학습시켜 과거의 모습과 분위기에 맞는 배경을 제작한다. 또한 음악과 AI와 미디어 아트 각 요소의 톤 앤드 매너를 조율해 연주와 조화를 이루도록 연출한다. 이 작품에서 AI는 단순히 가상 공간을 재현하는 수단에서 나아가, 관람객의 오감과 함께 변화하는 실감형 AI 미디어 아트를 완성하는 데 중요한 요소가 된다(작가 더싱크로랩 서면 인터뷰, 2024. 9) .

이처럼, 헤리티지와 AI, 미디어 아트가 결합할 때는 고증을 기반으로 한 역사적 스토리를 바탕으로 한다. 작가가 헤리티지로부터 영감을 얻어 표현하고자 하는 키워드를 중심으로 표현 연출 방식이 정해진다. 작품 제작 과정에서는 생성형 AI의 도움을 받은 영상과 사운드의 제작으로 작업 효율을 극대화한다. 헤리티지에 담긴 고유한 의미와 시간은 동시대적인 해석과 창작을 통해 새로운 관점을 보여 준다. 같은 헤리티지와 매년 다른 작가들과의 만남은 그 자체로 동적인 가능성을 품고 있다. 헤리티지 미디어 아트라는 장르와 AI가 만나는 지금, 이 시점이 그 내용과 표현의 깊이감을 상상해 볼 수 있는 특별한 시기가 아닐까?

참고문헌

Cuz(2023.6.9). [Heritage through digital #1] 한국의 역사, 디지털로 태어나다. https://cuz-art.com/blog/digital-heritage/

이창근(2023.10.30). [이창근의 헤디트] 미디어아트 수원 vs 강릉. ZDNET Korea, https://zdnet.co.kr/view/?no=20231030162659

07
체험형 AI 미디어 아트

감상자의 입장에서 체험형 AI 미디어 아트의 매력은 작품과 함께 호흡하거나, 작품 안에 참여하는 경험을 한다는 점에 있을 것이다. 미디어 아트에서 인터랙티브한 요소는 작품의 개념을 관통하는 장치가 되기도 하고, 몰입도 있는 감상을 위한 트리거가 되기도 한다. 한편, 체험형 미디어 아트가 내포한 감상의 직관성은 체험과 아트의 경계선 위에서 감상자의 자율성과 주체성에 대한 이슈를 파생한다.

AI와 운동주?

ART, TECH, PLAY

미디어 아트를 감상할 때 대부분의 경우 기술은 전면에 드러나지 않는다. 감상자들은 영상, 사운드, 키네틱 등으로 이루어진 작품의 외관을 먼저 만난다. 내재한 기술을 기반으로 만들어지는 감상의 직관성을 경험한다. 어떤 경우에는 감상자들에게 실시간으로 단서를 주는 듯 움직이는 이야기를 읽어 나가는 임무를 부여하기도 한다. 한편, 대형 미디어 아트 전시관에서 미디어 아트를 감상할 때는 '실감형', '몰입형'이라는 수식어를 쉽게 발견할 수 있다. 작품의 스케일과 AR, VR, AI 등 기술을 활용해 감상자들을 미디어 아트의 일부로 흡수한다. 미디어 아트 전시의 이러한 방향성은 감상자들로 하여금 인터랙티브한 '경험' 혹은 '체험' 자체를 기대하도록 한다. 이는 종종 감상에 대한 참여적 태도를 적극적으로 유도하며 감상하는 즐거움을 주기도 한다.

체험형 미디어 아트 전시관의 예로, 엑스오비스의 뮤지엄 X(Museum X)가 있다. '예술과 기술, 그리고 놀이, 이머시브 뉴 미디어 놀이터(ART × TECH × PLAY, Immersive New Media Playground)'라는 전시관의 슬로건은 체험형 전시의 방향성을 짐작하게 한다. 이곳의 미디어 아트는 영상 예술에 국한되지 않고 AI, 로보틱스와 같은 미디어를 융합한 체험 콘텐츠로 구성되어 있다. 놀이와 예술의 경계를 없애고자 하는 목적성은 '아트'를 일상의 영역으로 끄집어내어 기술을 매개로 아트가 내포한 가치를 공유하고자 함을 시사하는 듯하다. 놀이라는 방법론 아래에 디자인된 감상의 메커니즘은 감상자와 창작자, 경험과 창작의 경계를 허문다.

한편, 2023년도 '삼성 강남'에서 선보인 비브스튜디오스의 〈Amazing City: Behind Story〉는 기술 기반 체험형 미디어 아트의 또 다른 사례다. 이 작품은 AI 기술 기반 버추얼 휴먼 제작 솔루션을 활용해 제작되었다. '강남'이라는 도시가 시시각각 변화하는 모습을 테마로 해서 미술, 음악, 안무, CGI 등 다양한 장르의 예술을 융합해 표현한 작품이다. 작품의 체험적인 요소로서, 가상 얼굴 생성 기술 '2D AI 페이스 스와프(2D AI Face Swap)'를 활용한다. 현장에서 찍은 자기 얼굴을 LED 디스플레이로 전송하면 미디어 아트 영상 안에 등장하는 방식이다. 2D AI 페이스 스 기술은 별도의 모델링이 필요 없고, 한 장의 사진으로 빠르게 합성이 가능하다는 장점이 있다. 대역 배우의 표정, 셰이딩, 라이팅이 매우 자연스럽게 적용되는 점이 이점이다. 비브스튜디오스 내의 비브랩(VIV LAB)이 보유한 추가적인 기술로 '2D AI

Clone 기술'이 있다. 이 기술은 실제 사람 모델이 필요 없고, 비교적 빠른 시간에 학습이 가능하다는 이점이 있다. 비브랩은 비주얼 AI(Visual AI), VR(Virtual AI), MR(Mixed Reality), AR(Augmented Reality)을 기반으로 버추얼 프로덕션(Virtual Production)과 디지털 휴먼(Digital Human)을 제작한다.

최근의 대형 미디어 아트 전시관의 트렌드와 아트 테크 기업의 기술 기반 미디어 아트 제작 사례에서 볼 수 있듯이, 미디어 아트 분야가 향하는 방향은 AI 기술 기반의 실감형 콘텐츠에 관한 연구와 그 호흡을 같이한다. 미디어 아트에서 새로운 기술을 활용한 체험적인 요소는 참여하고자 하는 감상자의 작품에 대한 친밀감을 극대화할 수 있다. 동시에 사유와 성찰, 공감과 몰입에 대한 주체적 감상을 뒤로한 채, 새로운 기술에 대한 체험 자체에만 집중하게 할 수 있다는 역설의 지점을 안고 있기도 하다. 기술 기반 체험형 미디어 아트 분야의 과제는 기획 단계에서 체험 자체에 대한 집중도를 넘어서 작품에 대한 총체적인 사유의 시간까지 고려하는 것이다. 기술에 대한 적절한 거리 두기까지 포괄한 치밀한 디자인을 병행할 때, 보다 완성도 있는 통합적 감상이 가능해질 것이다.

감상의 직관성과 '참여'의 이중적 속성

미디어 아트 신에서 대표적인 아티스트 팀으로 일본의 '팀랩(TeamLab)'을 소개하지 않을 수 없다. 팀랩은 2001년에 국제적인 활동을 시작한 아트 컬렉티브(Art Collective)다. 이들은 스스로를 아트, 사이언스, 테크놀로지, 자연의 교차점을 모색하는 학제적 그룹이라고 소개한다. 이 그룹은 아티스트, 프로그래머, 엔지니어, CG 애니메이터, 수학자, 건축가 등 다양한 분야의 전문가들로 구성되어 있다. 이 그룹이 미디어 아트를 통해 다루는 주제는 '인간과 자연, 자신과 세계와의 새로운 관계 모색'이다. 우리가 인식하는 세계와 인간과 세상 사이의 경계, 시간의 연속성에 대한 인지의 경계 등에 집중해 작업한다. 팀랩의 미디어 아트는 세계 곳곳에 소장되어 있고 동시다발적으로 전시가 진행되고 있다. 일본 후쿠오카에 위치한 팀랩의 미디어 아트 전시관인 팀랩 포레스트(TeamLab Forest)에 전시되어 있는 작품들의 구성을 살펴보며 체험형 미디어 아트의 현황에 따른 시사점에 대해 다루어 보고자 한다. 먼저, 작품 〈Catching and Collecting Forest〉는 Catch, Study, Release의 방식으로 기획되었다. 감상자들은 작품 감상 전에 큐알을 통해 본 작품과 관련한 앱에 접속한다. 작품 벽면에 투사된 숲속에 나타났다 사라졌다 하는 동물들을 포착한다. 스마트폰 카메라에서 'Study Arrow'라고 부르는 화살을 잡아당겨 사자, 기린, 새 등을 사냥한다. 만약 사냥에 성공하면 동물의 모습은 사라지고, 감상자의 스마트폰에 사냥 목록과 사냥한 동물에 대한 상세한 정보가 수집된다. 감상자는 언제든지 사냥한 동물을 놓아줄 수 있다. 프로젝션 매핑을 활용한 미디어 아트 감상에 앱을 통한 체험적 요소를 가미한 형식이다. 이 작품은 숲속이라는 공간에서 동물들에 대한 학습을 '체험형 아트'라는 영역에서 이루어지도록 하는 정보 전달의 가치를 내포한다. 둘째로, 〈Athletics Forest〉는 3차원으로 이루어진 숲에 대한 동적인 체험적 요소가 두드러지는 작품이다. 물리적 체험과 사고를 동시에 끌어내 우리가 마주하는 세상을 이해하고자 하는 콘셉트로 기획되었다. 영상이 매핑된 공간에서 푹신푹신한 반구들을 밟으며 감상하는 〈Rapidly Rotating Bouncing Sphere Caterpillar House〉, 움직이는 커다란 원형 모양의 공을 두드리면 색상과 소리가 바뀌는 〈Weightless Forest of Resonating Life〉 등의 구간이 있다. 이는 영상 매핑뿐 아니라, 사운드, 오브제, 바닥면의 디자인을 복합적으로 고려해 감상의 체험적 요소들을 실감 나게 경험하도록 구성한 구간들이다. 전시의 말미에는 작품 〈Graffiti nature in a Beating Valley-Symbiotic Lives, A whole Year per Tear, Red List〉를 만난다. 이는 감상자가 A4 용지에 직접 색칠한 생물체를 스캔하면서 시작된다. 잠시 뒤, 높낮이가 있는 입체적 지형에 투사된 프로젝션 매핑 영상 위에 그 생물체들이 등장하는 방식으로 작품이 전개된다. 감상자의 그림으로 탄생한 생물은 이미 등장해 있는 다른 생물들을 잡아먹을수록 그 수가 늘어나지만, 다른 생물들에게 잡아먹히거나 다른 생물들을 잡아먹지 못하면 죽어서 사라지는 방식을 취한다. 예를 들면, 나비는 꽃들을 만나면 수가 늘어나고, 개구리는 나비를 먹으면 그 수가 늘어나는 방식이다. 작품 제목에서 레드 리스트(Red List)는 국제 자연 보전 연합에 의해 멸종 위기와 보전 상태를 조사한 데이터베이스다. 멸종 위기에 처한 생물들을 비롯해 레드 리스트에 등록된 다양한 종의 야생 생물들이 등장하게 되는 작품이다.

후쿠오카의 미디어 아트 전시관 '팀랩 포레스트'는 다양한 방식으로 감상자의 적극적인 감상과 참여를 유도하는 요소들을 지니고 있다. 이는 '숲'이라는 대주제를 키워드로 자신과 세계에 대한 새로운 인식을 탐구하는 창작자의 방향성과 맞닿아 있다. 현실을 기반으로 정보를 증강하는 AR의 활용, 감상자의 전시 동선을 낯설게 하는 방법 등의 시도는 보다 작품과 감상자 간의 상호 작용을 일으키면서 친밀한 관계성을 만들어 낸다. 한편, 이러한 '놀이'로서의 특징은 종종 매끄럽지 않은 인터렉션의 한계에 부딪힐 때 그 기능을 쉬이 상실하기도 한다. 또는 체험적 요소에 대한 지나친 몰입도로 인해 '진정한 의미의 감상'으로의 집중도를 제한하기도 한다. 체험형 미디어 아트 전시는 그 체험과 아트의 경계선 위에서 최소한의 규칙 아래 감상자에게 부여된 감상의 자율성과 감상의 주체성이 구분되어야 할 것이다. 한편, 직관적 체험에서 비롯한 의문점은 그 파급력의 깊이감을 더하기도 한다. 체험형 미디어 아트에 내포된 레이어들의 의미를 들여다보고 그들 간의 관계성에 대해 질문해 볼 때, 작품이 가리키는 개념과 기술이 만나는 지점이 극대화해서 다가올 것이다.

08
생성형 AI를 활용한 NFT 아트

NFT 아티스트는 자신의 스토리를 디지털 아트를 매개로 해서 표현한다. 지속성과 연속성을 띤 세계관 형성의 여정을 컬렉터들과 공유하며 팬덤을 형성한다. NFT 아트는 메타버스 안에서 다양한 분야와의 게이미피케이션/컬래버레이션을 통해 새로운 서사를 만들어 내기도 한다. 이는 강력한 문화의 흐름 혹은 브랜딩의 영역 안에서 또 다른 가치를 창조하기도 한다. 이러한 NFT아트를 제작하는 데에도 생성형 AI 기술이 활발히 활용되고 있다.

AI와 한의학?

'보증된, 온전한, 나의'

1990년부터 2004년까지 Web 1.0의 시대는 1세대 웹 브라우저와 검색 포털에서 누군가가 공급해 놓은 정보를 소비하는 '읽기 전용'의 방식이었다. 2004년 전후인 Web 2.0의 시대부터는 유튜브 플랫폼의 특성과 같이 유저가 콘텐츠의 소비자로서만이 아닌 '생산자'로서 활동할 수 있게 되었다. 하지만 여기에서 생산자가 생산한 유튜브 영상의 데이터는 유튜브 서버 안에 있었다. 서비스에서 발생하는 모든 데이터와 그에 따른 이익은 그 플랫폼의 소유가 되는 구조였다. 2020년대에 이르러 큰 쟁점이 되는 Web 3.0은 1998년 시맨틱 웹(Semantic Web)의 창시자인 팀 버너스 리(Tim Berners Lee)가 제안한 용어다. 컴퓨터가 마치 인공지능과 같이 스스로 단어와 문장의 뜻을 이해하고 논리적인 추론을 하는 웹 기술에서 발전한 개념이다. Web 3.0의 등장으로 웹 안에서 유저가 자신의 데이터를 온전히 소유할 수 있게 되었다. 널리 알려져 있듯이, 블록체인이 이를 가능하게 했다. 블록체인은 데이터를 기록한 장부를 이를 만드는 데 참여한 사람들에게 분산 저장할 수 있게 해, 데이터를 안전하게 보관할 수 있도록 하는 기술이다. 데이터 생산자 당사자에게 온전히 그 소유권을 줄 수 있는 기술인 것이다.

NFT(Non-fungible token, 대체 불가능 토큰) 또한 이 블록체인 기술을 이용해 디지털 자산의 소유주를 증명하는 가상의 토큰(token)이다. 이러한 배경으로 탄생하게 된 21세기의 NFT 시장은 근 2년간 약세장을 보이고 있지만, 2022년 암호 화폐의 관문으로 불리며 210억 달러 시가 총액을 기록하면서 전 세계의 주목을 받기 시작했다.

NFT 아트는 웹에서 그림, 영상 등 디지털 형식의 아트로 표현되고, 이 디지털 아트의 고유한 원본성 및 소유권을 나타내는 주소는 토큰 안에 담긴다. NFT 아티스트에 의해 창작된 NFT 아트는 오픈시(OpenSea)와 같은 NFT 거래소에서 가상 화폐를 통해 거래되는 방식이다. NFT 아트는 디지털 형태로, 디지털 세계 안에서 보이기 때문에 그 확장성과 물리적 가치에 대한 의문이 들 수 있다. NFT 아트 생산의 단발성과 소통의 단절성에 대한 우려는 커뮤니티를 통해 극복된다. 한 예로, 쌍방향적인 소통이 가능한 커뮤니티 디스코드(Discord)에서는 아티스트의 세계관, 즉 스토리텔링이 지속적으로 어떻게 발전하고 변화하는지에 대해 아티스트와 컬렉터, 컬렉터와 컬렉터 간 소통이 이루어진다. NFT 아티스트는 지속성과 연속성 그리고 고유성을 띤 자신의 세계관을 디지털 아트와 스토리텔링을 통해 계속해서 표현한다. 동시에 커뮤니티 유저와 컬렉터들과 관계를 맺으며 스스로 팬덤을 형성한다.

예술계의 이주(migration)

미술사에서 1960년대에 마르셀 뒤샹의 작품 〈샘(Fountain)〉과 함께 개념 미술(Conceptual Art)의 첫 페이지가 시작되었듯, 이전에 없던 새로운 방법론의 등장은 곧 패러다임의 변화를 의미한다. NFT의 역사는 이제 막 쓰이기 시작했지만, 다양한 형태의 NFT 아트와 이와 함께 파생한 밈(Meme)들이 지닌 파급력은 어마어마하다. NFT 아트는 새로운 구조 위에서 새로운 방법론으로 그 존재감을 드러낸다.

NFT 아트의 밸류 체인(Value chain)은 인프라를 발견하고, 놀이 및 참여의 영역을 거쳐 금융의 영역으로 향하는 방향성을 지니고 있다. 먼저, 인프라가 되는 프로토콜로서 두나무가 운영하는 블록체인 플랫폼 루니버스(Luniverse)와 카카오 관계사가 운영하는 블록체인 플랫폼 클레이튼(Klaytn), 그리고 글로벌 분산형 플랫폼인 이더리움(Ethereum)이 있다. 예를 들면, 플랫폼 이더리움에서 암호 화폐인 이더(ETH)를 산다. 이후 NFT 마켓

중 하나인 오픈시에서 NFT를 민팅한다(가상 화폐를 NFT로 만든다). 민팅할 때마다 NFT에 고유한 일련번호가 각인되어 이를 다른 자산과 구분해 교환할 수 있는 가치를 부여한다. 이후, 이 NFT 아트는 메타버스-현실과 같이 구현한 디지털 기반의 가상 세계 플랫폼에 참여하고 보인다. NFT 아트의 고유성을 유지한 채 탈중앙화한 개념의 활동이 이루어진다.

NFT 아트는 금융의 영역에서 거래되기도 한다. 2001년 기준 NFT의 45%는 미술품이라는 통계가 있다. 여기에서 자본주의 사회가 다루는 예술이라는 장르의 존재 의미에 대해 가늠해 볼 수 있다. 비슷한 시점의 현시대 오프라인 미술 시장을 오버랩해 보자면, 2024년도에 열린 한국 국제 아트 페어(KIAF)-프리즈 서울 또한 비슷한 맥락에서 금융의 관점으로 예술을 바라보는 성격이 더욱 두드러지게 나타난다. 이러한 시류에 반해, 삼청동 소재의 한 갤러리인 학고재 갤러리는 미술에 대한 상업화가 지배하는 현상 가운데에 미술의 본질에 대해 재고하는 기획전 '잃어버린 줄 알았어!'를 열기도 한다.

여기에서 우리는 NFT 아트 시장과 기존 오프라인 미술 시장에서 드러나는 공통된 상업성을 발견한다. 이에 파생되는 현상들의 시사점을 주목해 볼 필요가 있다. 표면적으로 디지털과 아날로그, 온라인과 오프라인 두 세계는 상호 간 방문, 협업을 이룬다. 하지만 자세히 들여다보면 이 두 세계의 경계선에서 고유한 토양의 이주를 미룬 채, 발붙일 종착지를 급히 조율하고 있다. 각자의 토양에서 생산되는 창작물의 본질에 대한 사유가 선행될 때, 시장성이라는 포장지에 가려진 각 창작물의 예술적 존재 가치를 발견할 수 있을 것이다.

한편, NFT 아트는 미술 창작과 소비 및 향유의 패러다임에도 변화를 일으켰다. 기존에는 창작자와 컬렉터의 역할 구분이 명확했다. 하지만 NFT 아트는 창작자가 최초의 스토리를 만들며 새로운 밈이 시작됨을 알린다. 창작자의 NFT 아트가 판매되면, 그 창작자의 세계관을 믿거나 창작물에 영감을 받은 컬렉터는 그 창작물을 구매한다. 이후, 최초 창작자의 스토리 위에 파생된 새로운 의미를 얹어 나름대로 해석하고 표현한다. 창작자와 컬렉터에 의해 생성된 의미를 지닌 해당 NFT아트는 메타버스 안에서 다양한 분야와의 게이미피케이션/컬래버레이션을 통해 또 다른 새로운 서사를 만들어 낸다. 이러한 과정 안에서 최초 작품의 스토리에서 확장된 강력한 문화 흐름은 예상치 못한 새로운 가치를 발현하기도 한다. NFT 아트의 창작-컬렉팅-활용의 구조는 모두가 창작자가 되는 시대가 도래했음을 알린다. 더 이상 최초 작품을 얼마에 사느냐가 소비의 초점이 아니다. 최초 작품의 세계관, 즉 영감으로 무엇을 하느냐가 NFT 아트가 지닌 핵심 가치다.

NFT 아트는 기존의 미술계 안에서 시작된 아트가 아니라는 점 자체에서 근본적인 차별점을 지닌다. 디지털 세상에서 발한 서사라는 존재감을 지니고 있다. NFT 아트의 향유자들은 패션, 음악, 건축, 미술 분야 등의 장르 간 경계가 허물어진 서사를 체험하게 된다. 오히려 NFT 아트의 가치에 대한 홍보는 역으로 오프라인, 즉 현실 세계에서의 미디어 아트 설치(Media Art Installation)를 통해 이루어진다. 또는 미디어 아트 전시 후 관련 NFT 아트를 기록 및 상징물로서 판매해 컬렉팅의 대중화를 꾀하기도 한다.

NFT 아트의 등장 이후, 미술의 생태계는 작가(창작자)→테크니션→판매자→VR→AR→Story→작가(창작자)의 무한궤도를 거치며 이루어진다. 무엇보다 분명한 것은 NFT 아트에서는 아티스트의 세계관이 지닌 설득력과 그 아이디어를 구현하는 테크닉의 합목적성이 주요 쟁점이 된다. 더불어, 최초 스토리의 개성과 그 스토리가 쓰이는 역사의 지속적 맥락이 포트폴리오가 된다. 반면, 커뮤니티에서의 관심도가 줄어들면 그 존재 가치가 유지되기 어렵다.

생성형 AI로 제작한 AI NFT 아트

2024년도 4월 3일부터 5일까지 NYC에서 열린 'NFT. NYC 2024'에서는 NFT 아티스트들이 AI 도구를 창작 과정에 어떻게 통합했는지, 이를 통해 어떤 도움을 얻을 수 있었는지에 대한 논의가 이루어졌다. 이렇듯, 최근 NFT 시장에서 생성형 AI의 활용에 대한 관심도가 높아지고 있다. 이 이슈에 대한 시작점으로부터 생성형 AI의 활용 원리에 대해 살펴보고자 한다.

AI를 통해 이미지를 생성하고자 하는 시도는 1950년대에 시작되었다. 2010년대 중반 딥러닝 기술과 생성적 적대 신경망(GAN)의 등장으로 심층 학습을 통한 고해상도 이미지를 만들 수 있게 되었다. 2021년도 이후에는 텍스트와 이미지 간 관계를 이해하는 기술인 오픈AI의 Clip 알고리즘의 등장으로 AI 아트 분야가 급부상했다. 2022년도부터 확산 모델인 스테이블 디퓨전과 오픈AI 달리 2 등 오픈 소스 모델들의 등장으로 현재 AI 아트가 대중적으로 제작되고 있다.

AI를 통해 이미지를 만들어 내는 기술은 생성형 AI를 활용한 한 갈래다. 생성형 AI의 원리를 이해하기 위해서는 일반적인 언어로 질문 또는 지시에 대한 응답을 생성하는 대규모 언어 모델(Large Language Models, LLMs)과 임베딩(Embeddings)의 개념의 이해가 필요하다. LLM이라는 생성형 AI 시스템은 '트랜스포머'라는 특수한 유형의 인공 신경망(ANN)을 통해 인터넷과 같은 출처에서 수집한 다량의 언어, 이미지, 동영상, 소리 등의 데이터를 '토큰'이라는 숫자 목록으로 변환해 학습한다. 이 각기 다른 데이터들을 혼합 모드(Mixed-Mode)로 혼합해 서로 다른 다양한 정보를 연관시켜 토큰화해 처리해내기도 하는데, 이러한 방식을 멀티 모달 모델이라고도 부른다. 우리가 소리(오디오)가 나오는 영상(움직이는 이미지)을 볼 때, 이 정보가 신경 신호로 변환되어 뇌로 전달되는 것과 비슷한 원리다. 이 기본 학습의 과정을 마친 후, 이에 대한 응답을 개발자가 검토하면서 생성의 마무리 단계인 강화 학습(RLHF-Reinforcement Learning from Human Feedback) 단계로 간다. 강화 학습의 단계는 일종의 사회화 과정으로, 개발자의 피드백을 통한 학습의 단계다. 질문이나 지시에 협력적으로 대응하고, 개발자의 가치 판단으로 인해 구별된 '하지 않아야 하는 말'에 대한 학습이 이루어진다.

그렇다면 LLM은 디지털 이미지를 어떠한 방식을 통해 분류할까? 그리고 어떻게 지시문의 단어 데이터의 의미에 따라 비슷한 이미지들을 만들어 낼 수 있는 것일까? 이 질문에 대한 단서는 LLM이 단어를 표현하는 방식인 '임베딩'에서 찾을 수 있다. LLM은 단어를 임베딩이라는 특정 형태의 숫자 벡터로 나타낸다. 임베딩은 단어들을 벡터로 변환하고, 단어 간 유사성을 포착해 이들을 비슷한 벡터로 표현하고 배열한다. 따라서 어떠한 단어 자체를 변환한다기보다, 그 단어가 생성되는 맥락을 분석해 의미를 파악한다. 임베딩에서 포착한 의미론적 관계를 통해 지능적인 동작을 행하는 것이다.

이러한 원리를 기반으로 현재 보급된 생성형 AI 프로그램이 우리가 잘 아는 미드저니, 달리 2, 챗지피티 등이다. 기존의 오프라인 예술계에 속하지 않았던 사람들도 생성형 AI를 활용해 디지털 이미지, 디지털 영상의 포맷으로 NFT 아트를 만들고 NFT 아티스트로서 활동할 수 있는 새로운 무대가 생긴 것이다. NFT 아티스트는 AI로 제작한 NFT 아트를 오프라인 갤러리에 전시할 필요 없이 NFT 아트 거래소에 직접 등록해 자신의 작품을 알리고 판매할 수 있다. 예를 들면, 가상 화폐 지갑 중 하나인 메타마스크(Metamask)를 개설해 NFT 거래소 중 하나인 오픈시 계정을 만들어 이 계정에 지갑을 연결해 놓는다. 이어, 디지털 화폐 중 하나인 이더리움을 메타마스크에 충전해 놓는다. 자신이 AI로 제작한 NFT 아트를 오픈시에서 메타마스크에 충전해 놓은 이더리움으로 가스비(민팅을 할 때 지불해야 하는 비용)를 지불하고 오픈시에 민팅(판매 등록)한다. 이러한 방식으로, 누구든 메타버스라는 무대에서 AI와 함께 아티스트라는 직함으로 활동할 수 있다.

생성형 AI 기술 연구가 발전함에 따라 생성형 AI를 활용한 양질의 AI 프로그램들이 보급되었다. 이는 창작자들이 AI의 도움을 얻기 시작하면서 예술 창작의 영역이 보편화되고 있음을 의미한다. 생성형 AI 프로그램을 활용해 창작하는 아티스트들은 AI와 효과적으로 대화하는 방식을 연구한다. 대화의 방법론이 작품에 또 다른 중요한 툴로서 작용하게 된다. 이 대화의 방법론은 AI NFT 아트라는 장르의 아이덴티티를 이루는 한 요소가 될 것이다. 한편, 생성형 AI는 프로그래밍되는 특정 시점에 학습한 데이터에 한정된 지능적 활동을 한다는 한계점이 있다. 다시 말해, 실시간 업데이트되는 정보로 대응할 수 없다는 점이다. 이는 AI NFT 아트를 마주할 때, 협업한 생성형 AI 프로그램의 버전이 업데이트됨에 따라 창작의 결과물 또한 업데이트되어야 하는가 하는 쟁점을 야기한다.

참고문헌

Alec Radford, et. al.(2021.1.5). Clip: Connecting text and images. OpenAI, https://openai.com/index/clip/

Clarissa Watson(2024.4.12). The state of NFTs: A conscientious comeback. Consensys, https://consensys.io/blog/the-state-of-nfts-a-conscientious-comeback

참고자료

*멀티 모달 모델(Multimodal Model): 혼합 모드(mixed-mode)라고도 불리며, 텍스트, 이미지, 오디오, 비디오 등 다양한 유형의 데이터(모달리티)를 고려해 서로 간 관계성을 학습해 처리하는 인공지능이다.

*생성적 적대 신경망(GAN-generative adversarial network): 생성자, 판별자 신경망으로 구성되며 이들이 서로 대립한다. 실제와 같은 데이터를 생성하고자 하는 생성자의 노력과, 생성된 데이터와 실제 데이터를 구별하려고 하는 판별자의 노력이 경쟁하며 높은 품질의 데이터를 생성한다.

*CLIP: 오픈AI의 최신 멀티 모달 모델.

*임베딩(Embeddings): 의미를 포착하는 단어들의 벡터 형태.

*트랜스포머: 특수한 다층 및 다면 신경망.

*인공 신경망(ANN): 실제 생물학적 신경망에 대한 추정된 구성 원리에 영감을 받은 컴퓨터 프로그램.

09
브랜딩을 위한 AI 미디어 아트

브랜딩의 개념은 국가, 기업, 개인의 차원에서도 필수적인 요소가 되고 있다. 특히, 동시대의 기술과 예술이 절묘하게 융합된 형태의 브랜딩은 문화적 흐름을 선제안한다. 새로운 가치관을 디자인해 개개인의 세계관에 깊숙이 영향을 미치기도 한다. 예술 × 기술의 브랜딩 사례를 통해 프로젝트 실행과 작품 제작에서 기획의 의미와 구조에 대해 다루어 본다.

AI와 화장품?

예술 × 기술 브랜딩의 방법론

브랜딩(Branding)의 사전적 의미를 찾아보면, '제품 또는 서비스에 대한 사람들의 인식에 영향을 주기 위해 의도적으로 취하는 행동'이라고 나온다. 주로 회사의 정체성을 어필하며 해당 브랜드에 대한 호감을 얻기 위한 방법으로 인식된다. 예술 × 기술을 기반으로 한 기업의 브랜딩은 단순히 미디어 아트를 제작해 광고하는 단발적인 형식에서 나아가 기업과 미술관의 협업, 기업과 미디어 아티스트의 협업 캠페인, 미디어 아트 공모전 개최, 아티스트 인큐베이팅 등 지속적인 방식으로 이루어지고 있다. 미디어 아트 신에서는 기술의 동시대성 또한 주목받고 있기에, 이러한 흐름에 AI 미디어 아트 또한 자주 등장하는 추세다.

먼저, ICT 플랫폼 기업 현대퓨처넷의 예를 들어 보자. 현대퓨처넷은 미디어 아티스트의 미디어 아트 작품을 상영하는 예술 협업 캠페인 사업을 진행하고 있다. 2023년도 필자가 활동하고 있는 미디어 아트 콜렉티브와 협업해, 더현대 서울 디지털 갤러리와 외벽에 위치한 디지털 사이니지에 작품 〈The Spanning〉(2023)을 상영한 바 있다. 이를 시작으로, 해당 기업은 관련 공모전을 진행하며 미디어 아티스트와의 협업 및 작품의 홍보/지원을 통해 브랜드의 사회적 가치를 높이며, 브랜드 자체의 미적/예술적 가치 또한 상승시킨다.

두 번째로, 현대 자동차 그룹은 커다란 의미에서의 기술×예술 브랜딩을 지속적으로 해 오고 있다. 현대 자동차 그룹은 국립현대미술관(MMCA)과 함께 협력해 현대차 시리즈 중견 작가 지원 전시, 해시태그 등의 프로젝트를 진행하고 있으며, 현대 모터 스튜디오 공간에서는 미디어 아티스트를 선정해 작품을 전시한다. 또한 현대 자동차 그룹의 '제로원(zer01ne) 프로젝트'는 아티스트와 스타트업을 양성하고 지원하는 프로젝트로, 기술 × 예술 융합 창작의 특장점을 극대화한다. 질문하고 상상하는 융합적 인재들을 양성하는 시대의 맥락을 고려한 치밀하고 현실적인 브랜딩이다. 한편, 이 그룹이 개최한 2021년도 미디어 아트 작품 공모전 '제4회 VH 어워드'에서는 AI를 활용한 미디어 아트가 수상한 바 있다. 수상을 한 작가는 작품 〈블랙 클라우드(Black Cloud)〉를 출품한 로런스 렉(Lawrence Lek)이다. 그는 대중 문화와 기술에 대한 비평적 시각을 AI를 활용해 표현했다. 작가의 인터뷰에 따르면, 〈블랙 클라우드〉는 일종의 공상 과학을 다루는 이야기다. 그는 자율 주행차를 시험하는 가상의 스마트 연구 도시가 훗날 유령 도시가 된다고 상상했다. 이때, '이제는 지켜볼 사람도 없는데 나는 무엇을 해야 할까?'와 같은 실존적 질문을 던지는 가상 스마트 도시의 AI에 대한 이야기다. 미래 세계에 대한 가정과 그 상상에 등장하는 AI의 실존적 질문에서 AI에 대한 탐구와 예술적 상상이 결합한 시대성을 띤 시사점을 발견할 수 있다.

이번에는 기업 × 아티스트의 구체적인 브랜딩 사례를 살펴보자. 디자이너이자, 아티스트로 활동하는 신기헌의 인터랙티브 미디어 작품에 대해 소개하고자 한다. 공간 디자인을 전공한 그는 관람자들이 현실과 가상 현실의 공간을 경험하는 방식을 고려해, 장소성을 기반으로 한 연출적 측면이 돋보이는 프로젝트들을 진행한다. 작가는 작품에서 디지털과 현실이 만나는 경계를 중심으로 표현한다. 그 대표적인 예로, 〈Emart Sunny Sale Campaign-Shadow QR Code(이마트 서니 세일 캠페인–그림자 큐알 코드)〉(2012)는 그가 이마트로부터 브랜드 미션을 받아 협업을 통해 진행한 작업이다. 『한국 미디어 아트의 흐름』에 실린 작가의 인터뷰에 따르면, 이 작업은 흔히 사용하는 2차원의 디지털 큐알 코드를 아날로그적인 3차원의 키네틱 조각으로 만든 것이다. 햇빛으로 인해 생기는 그림자 어둠의 모양이 큐알 코드의 기능을 하게 되는 작품으로, 정오 12시라는 특정 시간대에 이르렀을 때 기능한다. 요철을 활용해 만든 조각의 형태를 한 이 아날로그 작품은 정오의 햇빛이 기능의 트리거가 되는 것이다. 작품이 지닌 고유한 스케일과 이를 바라보는 특정 각도에 따라 이 작품은 아날로그 그 자체로, 디지털로 들어가는 미디엄으로 작용한다. 특히, 이 설치물을 지지하는 투명한 구조물은 속도감과 중력을 상쇄하면서 태양의 고도 변화에 대처해 제어가 가능하게 하는 장치다. 정리하자면, 아날로그적 외양과 디지털적인 속성을 동시에 지닌 작업으로, 마트의 브랜드 미션의 목적을 직관적이고도 효율적으로 표현한 작업이다. 그가 이마트 브랜드와 협업한 또 다른 작품으로 〈Emart Sale Navigation-Lighting Coupon(이마트 세일 내비게이션 라이팅 쿠폰)〉(2013)이 있다. 이 작업은 ETRI(한국전자통신연구원)와 협업한 작품으로, 가시광통신(VLC), 즉 사람이 인지할 수 없을 만큼의 빠른 속도로 깜빡이는 가시광을 통해 데이터를 전송하는 기술을 활용한 작품이다. 이마트 매장에 들어선 사람이 스마트폰 앱을 실행하고 돌아다니면, 매장 내의 LED 조명이 위치 정보를 전달한다. 그에 따라 스마트폰에 상품 정보가 나타나는 작품이다. 작가는 할인 상품이 표시된 위치에 도착하면 '라이팅 쿠폰'이 발급되고, 상품 구매 시 바코드 인식을 통해 할인 혜택이 적용된다고 설명한다. 앱을 통해 실시간으로 쇼핑에 대한 정보를 얻고, 쿠폰을 받고, 할인 혜택까지 받게 된다. 이렇듯 가상 현실 쇼핑을 체험하는 듯한 행동은 실제 현실에서의 쇼핑이다. 기술을 활용한 쇼핑의 새로운 방법을 고안하고 적용하는 체험 자체가 브랜드와 결합한 미디어 아트의 형태로서 제작된 것이다.

기업의 브랜딩을 위해 제작된 미디어 아트에는 그 브랜드의 방향성 혹은 아이덴티티와 호흡을 같이하는 경험적인 요소가 돋보인다. 감상자가 정지된 작품에 다가가서 감상하기보다, 작품이 감상자의 예측 가능한 상상이나 일상에 자연스럽게 들어가 새로운 자극을 주며 그들의 일부가 된다. 이렇듯 미디어 아트는 브랜딩의 속성 아래에서 일상생활과 작품의 경계를 허물고 친밀한 관계망을 형성한다.

일상에 스며든 미디어 아트 브랜딩

최근 정보 데이터, 더 나아가 예측 데이터를 활용한 미디어 아트가 주목받고 있다. 필자가 활동하고 있는 미디어 아트 콜렉티브는 2023년도에 데이터 관련 기업과 협업해 〈데이터 기반 미디어 아트 프로젝트: The Day〉를 진행한 바 있다. 빛 데이터를 '안전'과 '행복'의 관점에서 바라본 데이터 시각화 작품을 제작했다. 작업 과정은 다음과 같다. 먼저, 서울시 네 개의 구(강남구, 관악구, 서초구, 성동구)를 선정해, 별빛, 보안등, 미세 먼지에 대한 데이터들의 추이를 분석한다. 이후, 땅의 안전을 지키는 보안등과 하늘의 지표가 되어 주는 별빛 데이터를 가상공간에 시각화한다. 그 위에 해당 구역에서 발생하는 미세 먼지의 한 해 측정 데이터들을 공기의 흐름에 적용한다. 감상자들은 1분 36초간 한 해의 땅과 하늘의 길을 감상할 수 있다. 시각화 과정에서 각 자치구의 상징화(花)인 목련, 철쭉, 장미, 개나리 형상을 통해 각 구의 아름다움을 은유한다. 보안등의 밀집도와 밤을 수놓은 별들의 한 해 데이터들이 위 과정을 통해 작품화된다. 작품에서는 각 자치구의 아이덴티티와 더불어 감상자들에게 정확한 데이터 기반의 정보를 더욱 직관적으로 제공한다. 데이터를 단순 정보 전달의 용도로서가 아니라 작품성을 띤 미디어 아트 안에 녹이면서, 정보 전달의 정확성과 직관성을 유지하는 것은 꽤 고민이 필요한 작업이기도 하다. 작품성과 정보 전달의 정확성이 절묘하게 만나는 지점에 프로젝트의 공공의 가치와 설득력이 발효된다.

기술과 예술의 융합을 통한 브랜딩 시도는 현장에서

활발히 진행되고 있다. 문밖으로 나서는 우리는 일상에서 시간과 장소를 불문하고 미디어라는 매개를 통해 누군가의 '메시지'를 만난다. 누군가가 쏘아 올린 작품화된 가치들이 곳곳에 표현되어 있는 시대다. 이 발언들이 지닌 사회 문화적 파급력의 스케일은 아무도 가늠할 수 없다.

참고문헌

강미정, 장현경(2020),『한국 미디어 아트의 흐름-미디어 아티스트 37팀의 인터뷰』, 북코리아.

10
AI 미디어 아트의 미래

예술과 공학, 산업계가 공유하는 AI 미디어 아트라는 화두는 어쩌면 그 출처에 따라 모양을 달리하며 갈팡질팡하기도 한다. 이 세 개의 곡선이 맞닿는 순간은 이들이 공통으로 공유하는 통찰의 모양이 일치하는 지점에 있을 것이다. 우리는 때로 탐구하고 몰입하고 추구하며 지혜의 균형 위에 선다. 기술과 예술의 융합이라는 표현조차 무색해진 시대, 합치된 통찰은 우리를 또다시 어떤 곳으로 인도할까?

종교와 AI?

도구가 아닌 의도, 매체가 아닌 방향

AI 미디어 아트의 포지션에 대해 생각해 볼 때, 양팔 저울 위에서 아슬아슬하게 그 무게를 저울질하는 장면이 떠오른다. AI 미디어 아트는 예술계, 산업계, 공학계가 공유하는 화두이지만, 하나의 땅에만 뿌리내릴 수 없는 탈장르, 탈경계 위에서 제각기 인큐베이팅되고 있는 것이 현실이다. 무대 예술가이자, 영화감독이자, 비평가인 마이클 러시(Michael Rush)는 "만약 내가 어떤 하나의 매체를 전문으로 하면, 스스로 내 분야를 고정하게 될 것이고, 그렇게 되면 매체를 다른 것으로 바꿀 때마다 나는 고정된 곳에서 나 자신을 끄집어내야만 한다. 따라서 하나의 '분야'에 속하는 대신 나는 '도구'에 관심을 두어, 어떤 분야이건 간에 관계치 않고 작동할 도구로서의 나 자신에 초점을 맞출 것이다"라고 말했다. 그는 예술에 대해 논할 때 매체 중심의 정의보다 현상에 반응하는 현재 자신의 의도에 초점을 맞추는 태도에 대해 이야기한다. 한편, 미디어 아트의 선구자라 불리는 백남준은 "나는 미디어를 써서 새로운 무언가를 시도할 수 있다고 생각했다"라는 짤막한 문장을 남겼다. 그에게도 새로운 창작의 방향에 대한 몰입과 탐구가 중요한 초점이었다. 현시대 AI 미디어 아티스트는 AI를 도구로 예술 분야에서 새로운 무언가를 시도한다. 누군가는 AI의 기능적 측면을 선택적으로 사용하고, 누군가는 AI의 사용에 대한 비판적인 입장 자체를 사용할 것이다. 누군가는 AI에 인격을 부여해 협업자로 대하기도 한다. AI는 아티스트가 품은 목적과 방향성에 따라 '구별된 새로운 시도'로서 의미를 지닌다. 이러한 시도의 산물들은 가장 기본적이고 보편적인, 또 유일한 방식으로 우리 예술의 안과 밖에 자리할 것으로 보인다.

창의성과 효용성에 대한 통찰

앨런 튜링은 1950년에 20세기 말이 되면 사람들이 '기계가 생각한다'는 말에 거부감이 없어질 것이라고 예견했다. 디지털 세상 안에서 수많은 선택지가 쏟아지는 시대, 우리는 선별하듯 강제적으로 보고, 느끼고, 추구한다. 어쩌면 AI라는 수행자에 의한 도움으로 커다란 중앙 집권적 통제 아래에 주체적 만족감을 누리며 원하는 듯했던 콘텐츠와 만나고 헤어진다. 더 나아가 나라는 본질은 결국 사라지고, 나 자신이 비물질적인 정보 데이터로 동기화된 조각들만이 남는다. 이 조각들은 누군가에게 미화된 동기 부여를 제공하는 레퍼런스, 혹은 업데이트되지 않는 유적지로서 노출된다. 어떠한 목적에 의해 '사용되는' 새로운 일상의 메커니즘 안에 살고 있는지도 모른다. 이러한 거대한 규모 전환의 시대에 우리는 적응하고 생존한다. AI라는 편의적, 지적, 연구의 결과물은 과도하게 이성화한 사회 속에서 끝내 '인간성'에 대한 통찰로 귀결한다.

필자는 AI와 예술의 미래에 대해 통찰해 볼 수 있는 두 가지 접근 방법을 제안하고자 한다. 첫째, 충돌과 결합이 만들어 내는 창의성에 대한 사유다. 프랑스의 저명한 수학자이자 천문학자인 푸앵카레(Henri Poincare)는 "창의성은 보이지 않는 무의식적 아이디어의 결합"이라고 정의했고, 헝가리의 철학자 아서 케스틀러(Arthur Koestler)는 "창의성이란 보통 별다른 연관성이 없고 심지어 양립할 수 없는 두 개념적 기반의 이연 현상"이라고 말했다. 기술과 예술이 만나 밀도 있는 교집합을 만들어 낼 때, 그 안에서 일어나는 커다란 충돌은 강한 자각의 실마리를 야기한다. AI와 미디어 아트 융합의 시도 또한 활발한 결합과 해체를 거치고 있다. 이러한 과정을 거쳐 AI 미디어 아트가 창의성을 띤 직관의 매개로서 새로운 의미의 합집합을 형성해 나갈 수 있을 것으로 전망한다. 둘째, AI의 효용성에 대한 사유다. 인간의 창의력에는 종종 완전히 새로운 개념, 아이디어, 예술 형식을 상상할 수 있는 능력이 포함된다. AI는 기존 데이터의 변형과 조합을 생성할 수는 있지만, 기존의 규범에 도전하고 완전히 새로운 표현을 만들어 내는 인간과 같은 방식으로 진정한 혁신을 이루지는 못한다. AI는 생성하는 콘텐츠에 대한 고유한 이해력을 가지고 있지 않기 때문이다. 이러한 맥락에서, AI 기술 연구와 더불어 미디어 아트를 창작할 때 인간의 '인문학적 문해력'을 바탕으로 한 '가치 판단 능력'의 중요성이 부각되고 있다.

AI 미디어 아트에 대한 창의적 접근과 AI의 효용성에 대한 사유는 예술 창작의 궁극적인 의미를 떠올리게 하며, 우리를 '구별된 관점'으로 향하도록 이끈다.

더 깊은 사유(思惟)를 위한 질문

이번에는 AI를 활용한 미디어 아트에서 두 가지 측면의 합리성에 대해 질문해 보고자 한다. 첫째는 '시작점의 합리성'이다. 아티스트가 미디어 아트를 창작할 때 AI로부터 얻은 데이터들에 대한 합리성이다. AI는 일차적으로 인터넷상에서 수백수천만 장의 이미지 데이터들을 학습하고 분류해 이를 조건에 따라 가공해 내놓는다. 이 과정은 AI가 데이터들로 특정 세계를 형성(world-making)해 내는 과정이라고 할 수 있다. 여기에서 이 이미지 데이터들이 어떠한 온라인 출처에 의해 수집된 이미지인지, 그 출처는 왜 그 이미지를 생성했는지 가늠하기 어렵다. '사실'에 대한 가공에 가공을 거친 각기 다른 스토리텔링이 만들어진다. 디지털 이미지들은 어떠한 배경도 합의되지 않은 '모순된 유사성'을 띤 협업의 자료로 사용될 수 있다. 둘째는 '끝점의 합리성'이다. AI에 대한 연구가 계속해서 업데이트되고 있다는 사실은 현재의 AI가 늘 한계점을 지니고 있다는 사실의 방증이 된다. 이러한 지점은 AI 사용의 합목적성에 관한 질문으로 이어진다. 영국의 AI 석학인 스튜어트 러셀(Stuart J. Russell)은 AI의 주된 초점은 합리적 행동이며, AI는 주어진 상황에서 가능한 최선의 행동을 취한다고 말한 바 있다. '합리적 행동'과 '가능한 최선의 행동'은 어떠한 기준에 의해 결정되는가? 합리성에 대한 믿음의 전제는 무엇인가? 그것들을 향한 숱한 선택들은 어떠한 가치를 바라보는가? 그것이 만들어 낸 힘의 파급력은 누구로 인해 견제되어 균형을 유지할 수 있는가? AI를 사용함에 대한 책임은 최종적으로 누구에게 있는가? 끝점의 합리성에 대해 재고해 보면 윤리와 안전에 관한 질문에 닿게 된다.

인간의 지능은 인공의 지능을 만들어 내어서까지 고도로 발달한 문명의 새로운 장을 쓰고 있다. 우리는 대부분 AI가 무엇인지 파악하고, AI로 인해 변화할 세상에 대해 어떻게 적응할지에 대해 생각한다. 이때, 기술 자체가 주는 편의성의 유익을 잘 들여다볼 필요가 있다. AI의 필요에 대한 무조건적인 신뢰 욕구를 지속적인 비판적 질문을 통해 다루지 않는다면, 인간은 기술과 그 기술로부터 파생되는 중앙 집권적, 자본주의적, 사회적 힘에 종속될 수 있다. 맑은 공기를 앞에 두고 마셔 보지 않고 공기라는 개념에 관해 탐구하게 될지 모른다. 몸으로 부딪쳐 얻는 시행착오로 인한 값진 실수보다 AI의 지성을 추종하게 될지 모른다. 종종 눈을 감았다 떴을 때, 개안(開眼)하는 것과 같이, 시류에 대한 비판적 성찰은 더 나은 통찰을 비추어 줄 것이다.

현대 우리의 모습을 비춰 보게 만드는 현대 미술 작품을 소개하며 이 장을 마치고자 한다. 쾅유추이(KuangYu, Tsui)의 2018년도 작품 〈Exercise Living: A Seer〉는 스스로 물을 뿜어내는 우산을 들고 걸어 다니는 작업이다. 스스로가 뿜고 있는 물을 피하며 계속해서 걷는 격이다. 우리는 종종 자신의 일상적인 모습을 타자화해 볼 때 어떠한 자각에 의한 변화를 경험할 수 있다. 우산은 인간이 비를 피하기 위한 용도로 고안한 매체다. 하지만 현재 우리는 그 우산을 계속 쥐고 있기 위해 비를 만들어 내며

빠른 걸음으로 걸어 나가고 있는 것은 아닐까? 한편, 비가 오는 날 일부러 갈빗대 앙상한 우산을 들고 전진하다 보면, 비 맞은 몸으로 언젠가 햇빛을 맞이하게 될 것이다. 비를 듬뿍 맞아 본 사람은 햇빛의 신비로움을 가장 면밀히 감각하고 체화할 수 있다. 비를 뿜는 우산을 AI라는 매체와 그 관념적 이상에 빗대어 끊임없이 타자화해 보기 바란다. 우산에 대한 숱한 사유와 실험들 끝에 우리는 AI와 미디어, 아트에 대한 다음 페이지를 엿보기 위해 주어진 스크린을 터치하기보다, 그 페이지 위에 체화한 경험을 직접 쓰기 위해 연필을 들게 될 것이다.

참고문헌

Alan Turing(1950), Computing machinery and intelligence, *Mind*, Oxford university press on behalf of the Mind 59(236), pp.433-460.

Hubert L. Dreyfus(1965). *Alchemy and artificial intelligence*. RAND Corporation.

Kate Crawford(2022). *Atlas of AI: Power, politics, and the planetary costs of artificial intelligence*. Yale university press. 노승영 옮김(2022). 『AI 지도책: 세계의 부와 권력을 재편하는 인공지능의 실체』. 소소의책.

Michael Rush(1999). *New media in late 20th-century art*. Thames & Hudson. 심철웅 옮김(2003), 『뉴 미디어 아트』, 시공아트.

Stuart Russell & Peter Norvig(2009). *Artificial intelligent: A modern approach(Third Edition)*. Pearson. 류광 옮김(2016). 『인공지능 1: 현대적 접근방식』, 제이펍.

최지원

choijiwon.kr

현대미술 분야에서 회화와 뉴미디어 아트를 중심으로 활동하고 있는 아티스트다. 서울대학교 미술대학 동양화과 졸업 후, 동대학교 미술학 석사학위를 받았다. 주요 작품으로 〈The Visitor〉(제주현대미술관), 〈ppppppppppppp〉(플랫폼엘 컨템포러리 아트센터), 〈몽유도원_the journey〉(서소문 성지 역사박물관)이 있으며, PLAP Live Arts Program 2022에서 작품 〈0-Phasing-1〉로 최우수 작품상을 수상한 바 있다. 문화체육관광부 한국문화정보원에서 이슈 리포트 『AI와 융합한 미디어아트 현황 및 활용 방안』(2024)을 발간하였으며, 실감데이터 공동 활용 플랫폼 실감형 체험 시설 구축 사업체 선정 심사 위원으로 활동했다. 국립세계문자박물관 전시 '올랭피아 오디세이'에서 소피 칼 작가의 미디어 전시부문 자문위원으로 활동했다. 논문 "즉흥적 드로잉을 통한 순간의 인상 표현 연구"(2017)를 발표했으며, 국립국어원, 성남문화재단 등에 작품이 소장되어 있다.